FACULTÉ DE DROIT DE LILLE

DES RAPPORTS JURIDIQUES

ENTRE

HOTELIERS, AUBERGISTES & VOYAGEURS

THÈSE POUR LE DOCTORAT

PAR

JULES GOMBERT

Avocat

*L'acte public sur les matières ci-après sera soutenu le 27 Novembre 1900,
à dix heures du matin.*

Jury : MM. LACOUR, Professeur,   PRÉSIDENT.
COLLINET, Professeur,   }
MARGAT, agrégé, chargé de cours. } ASSESSEURS.

LILLE

A. MASSON, ÉDITEUR, RUE FAIDHERBE, 40

1900

THÈSE POUR LE DOCTORAT

FACULTÉ DE DROIT DE LILLE

DES RAPPORTS JURIDIQUES

ENTRE

HOTELIERS, AUBERGISTES & VOYAGEURS

THÈSE POUR LE DOCTORAT

PAR

Jules GOMBERT

Avocat

*L'acte public sur les matières ci-après sera soutenu le 27 Novembre 1900,
à dix heures du matin.*

Jury : MM. LACOUR, Professeur,   PRÉSIDENT.
COLLINET, Professeur,
MARGAT, agrégé, chargé de cours. } ASSESSEURS.

LILLE
A. MASSON, Éditeur, Rue Faidherbe, 40

1900

FACULTÉ DE DROIT DE LILLE

ENSEIGNEMENT

MM. Vallas (O. I. ☉), Doyen, Professeur de Droit Civil.
Féder (O. I. ☉), Professeur de Droit Civil.
Garçon (O. I. ☉), Professeur de Droit Criminel, Professeur adjoint à la Faculté de Paris.
Lacour (O. I. ☉), Professeur de Droit Commercial.
Bourguin (O. I. ☉), Professeur d'Économie politique, chargé de Cours à la Faculté de Paris.
Mouchet (O. I. ☉), Professeur de Droit Romain.
Jacquey (O. I. ☉), Professeur d'Histoire du Droit.
Wahl (O. A. ☉), Professeur de Procédure Civile.
Peltier (O. A. ☉), Professeur adjoint.
Collinet, Professeur de Droit Romain.
Margat, Agrégé, chargé de Cours.
Percerou, Agrégé, chargé de Cours.
Guernier, Agrégé, chargé de Cours.
Mestre, Agrégé, chargé de Cours.
Marie, chargé de Cours.
Aftalion, chargé de Cours.
Barthélemy, chargé de Cours.

ADMINISTRATION

Vallas (O. I. ☉), Doyen.
Lacour (O. I. ☉), Assesseur.
Sanson (O. I. ☉), Secrétaire.

DOYEN HONORAIRE

De Folleville (O. I. ☉).

SECRÉTAIRE HONORAIRE

Provansal (O. I. ☉).

BIBLIOGRAPHIE

Accarias. — Précis de droit romain.

Annuaire de législation étrangère.

Aubry et Rau. — Cours de droit civil français, 1869-1878.

Baudry-Lacantinerie. — Précis de droit civil, 1892-1893.

Baudry-Lacantinerie et de Loynes. — Du nantissement des privilèges et hypothèques.

Baudry-Lacantinerie et Wahl. — Du louage.

Bourbeau. — De la justice de paix, 1863.

Carré. — Compétence judiciaire des juges de paix, 1876.

Charondas le Caron. — Pandectes ou Digeste du droit français, 1602.

Collatio legum mosaicarum et romanarum (Manuale juris synopticum, Pellat).

Collinet. — De la saisie privée.

Clunet. — Journal de droit international privé.

Curasson. — Traité de la compétence des juges de paix, 1877.

Dalloz. — Répertoire de législation. Jurisprudence générale et Supplément au Répertoire.

Danty. — Traité de la preuve par témoins en matière civile.

Denisart. — Collection de décisions relatives à la jurisprudence.

Demante et Colmet de Lanterre. — Cours analytique de droit civil.

DUMOULIN. — Les coutumes générales et particulières de la France.

FERRIÈRE. — Commentaire de la Coutume de Paris.

FUZIER HERMAN. — Répertoire général et alphabétique de droit français.

GALISSET. — *Corpus Juris Civilis.*

GARRAUD. — Précis de droit criminel, 1892.

Gazette du Palais.

Gazette des Tribunaux.

GIRARD. — Éléments de droit romain, 1895-1897.

GUILLOUARD. — Traité du contrat de louage. — Traités du prêt, du dépôt et du sequestre. — Traités du nantissement et du droit de retention. — Traités des privilèges et hypothèques.

Instruction générale des postes.

Journal officiel.

LABORI et SCHAFFHAUSER. — Répertoire encyclopédique de droit français.

LAURENT. — Principes de droit civil, 1876.

LEHR. — Éléments de droit civil anglais.

—   Éléments de droit civil espagnol.

—   Éléments de droit civil russe.

LENEL. — *Das Edictum perpetuum.*

LEVÉ. — Code civil espagnol.

LOCRÉ. — La législation civile, commerciale et criminelle de la France.

LYON-CAEN et RENAULT. — Précis de droit commercial.

—   Traité de droit commercial.

MALLEVILLE. — Analyse de la discussion du Code civil.

MARQUARDT. — Vie privée des Romains (traduction de V. Henry).

MARTINET. — Code des contraventions (Hongrie).

MARTON. — Des privilèges et hypothèques.

MAYNARD. — Notables et singulières questions de droit écrit jugées au Parlement de Toulouse.

MERLIN. — Recueil alphabétique des questions de droit.

DE MEULENAERE, O. — Code civil allemand.

Moniteur des Juges de paix.

MORNI. — Répertoire général et raisonné de droit criminel, 1850-1851.

MOURLON. — Explication critique et pratique du commentaire de M. Troplong sur les privilèges et hypothèques, 1855.

ORELLI. — *Inscriptiones latinæ.*

Pandectes françaises.

PONT. — Traité des petits contrats, 1867.

POTHIER. — Œuvres annotées et mises en corrélation avec le Code civil et la législation actuelle, par M. Bugnet, 2e éd.

Revue des Justices de paix, par M. Jacquey, professeur à la Faculté de droit de l'Université de Lille.

Revue critique de législation et de jurisprudence.

SIREY. — Lois et arrêts.

SOURDAT. — Traité général de la responsabilité, 1876.

TROPLONG. — Le droit civil expliqué, 1843-1859.

THALLER. — Traité élémentaire de droit commercial, 1898.

VERDIER, G. — Code de procédure criminelle espagnole.

INTRODUCTION

L'étude des rapports juridiques existant entre les hôteliers, aubergistes et les voyageurs, n'est pas précisément une question neuve. De tout temps, dès que l'état, relativement avancé de la civilisation des diverses nations dans le monde, a multiplié les relations civiles ou commerciales entre les individus, il a fallu se déplacer, quitter son pays, pour aller dans un autre, où il était nécessaire de trouver en passant un gîte et un abri. Ce gîte ce furent d'abord l'amitié, les relations de parenté, qui en firent les frais, sous la forme de l'hospitalité antique ; mais, ce procédé pratique au temps d'Homère ou de Romulus, cessa de l'être avec l'extension des populations, qui n'ont bientôt plus d'autre rapport que l'intérêt, et le voyageur n'a guère d'autre ressource pendant son passage, que de s'adresser à un étranger, qui consentira moyennant juste redevance à lui fournir un abri : cet étranger, ce sera l'aubergiste, et le gîte, l'auberge.

Le besoin des deux n'est peut-être pas aussi vieux

que le monde, mais s'est fait sentir assez tôt dans la vie humaine, pour qu'on ne puisse pas le qualifier de nouveau.

Là où deux hommes se rencontrent sur le terrain de l'intérêt, il s'établit forcément des rapports entre eux, dont la détermination et la réglementation s'imposent. Celles-ci sont d'ailleurs l'œuvre du temps, mon moins que du travail juridique. Avant toute classification, les hommes se sont accordés sur la base de leurs intérêts communs, et ont essayé, par des moyens divers, de faire respecter les rapports qu'ils avaient liés, sans se préoccuper d'en fixer exactement la nature. Pour nous, qui sommes d'une époque où les cadres sont formés et les classifications arrêtées, nous ne saurions faire autre chose que d'examiner les relations d'aubergistes et voyageurs avec l'analyse juridique et d'essayer de les incorporer dans ces cadres et ces classifications.

Le travail, d'ailleurs, présente un réel intérêt, sans compter, comme on le verra, les efforts juridiques originaux auxquels la matière a donné lieu à Rome ; elle comprend des éléments très divers, et par suite, l'occasion d'une étude attrayante, par sa diversité même. Nous la commencerons par un examen assez rapide du droit romain et de notre ancien droit français, pour la continuer, par l'exposé, aussi complet que possible, de notre droit français moderne, et nous l'achèverons par un aperçu sur les législations étrangères.

Il importe toutefois, avant d'entamer cette étude, d'insister un peu sur son caractère. Ce qui attire d'abord dans ce sujet d'apparence banale et simple, c'est la complication réelle au point de vue de l'analyse juridique des rapports entre aubergistes et voyageurs. Il y a là, un travail assez délicat à faire, pour préciser la nature de ces relations. Il faut ensuite, y appliquer avec une certaine circonspection, les règles générales du droit. parce que l'un des termes des rapports, l'hôtelier ou aubergiste, est un commerçant, accomplissant des actes commerciaux, et que cette qualité a de notables influences sur la réglemention à suivre.

Ce caractère commercial de notre étude ne saurait exclure naturellement dans une large mesure l'examen des principes de droit civil à y appliquer. On sait en effet, que si le droit commercial comporte des règles spéciales, de faveur ou de rigueur, pour les actes de commerce et les commerçants, il a sa base, dans le droit civil, qui constitue le droit commun auquel on doit toujours en revenir, à défaut de dispositions particulières au commerce. Mais ce caractère commercial est un point qu'il sera nécessaire de ne pas perdre de vue, dans tout ce travail, pour en tirer souvent des conséquences importantes. On verra notamment, combien il faudra en tenir compte, pour fixer les dispositions concernant la preuve et la compétence, dans les litiges que soulèvent les rapports juridiques entre hôteliers et voyageurs.

PREMIÈRE PARTIE

HISTORIQUE

CHAPITRE I

DROIT ROMAIN

---

§ 1. — Notions préliminaires sur les aubergistes a Rome.

On trouve peu de renseignements en droit romain sur la situation des aubergistes et des voyageurs et la nature de leurs rapports. Ce qui paraît surtout avoir intéressé les jurisconsultes et la pratique en cette matière, est, comme on le verra bientôt, la responsabilité qui pèse sur l'hôtelier du chef de la réception des objets apportés dans sa maison par le voyageur.

Tout d'abord, nous ne trouvons pas de réglementation spéciale de la profession d'aubergiste. Etait-il tenu d'accepter le passant qui se présentait chez lui ? Devait-il, avant de le recevoir, le soumettre à des formalités quelconques, lui permettant de s'assurer de son honnêteté et de son identité ? En d'autres termes, la profession d'hôtelier créait-elle, pour celui qui l'exerçait, chez les Romains, comme chez nous, des obligations nécessaires pour l'ordre et la sécurité locales, en même temps que pour l'avantage de ceux qui ont besoin de recourir aux services de ces commerçants ? Il serait bien difficile d'éclaircir ces points. Nous n'avons sur la vie courante des Romains que des notions insuffisantes, puisées par bribes, dans les auteurs littéraires particulièrement. Nous ne pouvons que donner, avec les auteurs (1) qui ont étudié la question, quelques détails. On sait ainsi que l'industrie des hôteliers était parfaitement connue des Romains. Le titre au *Digeste* « Nautæ, Caupones, Stabularii, liv. IV, t. IX », de nombreux passages d'écrivains et même quelques inscriptions sont là, pour attester leur existence, notamment une curieuse enseigne trouvée à Lyon.

« Mercurius hic lucrum promittit, Apollo salutem, Septimanus hospitium cum praudio. Qui venerit, melius utetur post. Hospes ubi maneas prospice (2) ».

On voit que les aubergistes latins n'étaient pas plus ennemis de la réclame que ceux de nos jours.

Il y avait à Rome deux sortes d'auberges, les unes appelées *Cauponæ*, où l'on recevait les voyageurs et leur suite, les autres, nommées *Stabula*, destinées à recevoir les chevaux et les animaux de service.

(1) MARQUARDT. — *Vie privée des Romains* (traduct. V. Henry), II, p. 101. — GUILLOUARD, *Priv. et hypo.*, I, p. 465.
(2) ORELLI. — *Inscriptiones latinæ*, II, nᵒ 4, p. 329.

C'est une distinction d'ailleurs de pur fait et sans grand intérêt juridique, car nous l'indiquons de suite pour ne plus y revenir. Les règles de droit applicables aux unes l'étaient identiquement aux autres.

§ II. — Rapports juridiques généraux entre aubergistes et voyageurs.

Pour ce qui touche plus spécialement aux rapports juridiques naissant entre hôteliers et voyageurs, une fois leurs relations établies par l'introduction dans l'auberge du voyageur et de ses bagages, on est d'abord forcé de procéder par voie d'analyse, en s'aidant des principes généraux du droit romain. Pour le juriste romain, l'aubergiste est avant tout un logeur. Nous verrons, en effet, que sa responsabilité n'est en jeu, que vis-à-vis de ceux « qui habitandi causa in caupona sunt (D. L. IV, t. 9, fg. 6, § 3) ».

S'il en est ainsi, il est bien évident, que, bien que les textes ne paraissent pas s'en être occupés à ce point de vue spécial, il existait à Rome, entre l'hôtelier et le voyageur un contrat de louage.

Quelle sorte de *locatio conductio* intervenait-il ? Très certainement, et avant tout, une *locatio rei* dérivant de ce que le passager louait à l'hôtelier une pièce quelconque de son immeuble pour y séjourner.

A côté de cette *locatio rei* certaine, il y avait sans doute, le plus souvent aussi, une *locatio operarum* ou louage de services. Le voyageur latin, pas plus que le voyageur moderne, ne se livrait lui-même aux différents travaux et soins nécessités par l'entretien du lieu où il habitait.

Toutes deux ne formaient naturellement qu'un seul contrat, soumis aux règles générales de la *localio conduclio* ordinaire.

Quant aux rapports de l'aubergiste et du voyageur, résultant de la réception par le premier des effets du second, les jurisconsultes romains s'en occupent au Digeste, l. IV, t. IX. « Nautæ Caupones, stabularii ut recepta restituant ».

Les Romanistes font très justement remarquer qu'il faut étudier avec la plus grande circonspection la compilation du Digeste, et ne pas utiliser, sans les critiquer, les travaux de Tribonien et de ses collaborateurs. Néanmoins, il est un fait incontestable, c'est que les édificateurs des Pandectes n'ont pas songé un instant à modifier le texte même de l'édit, dont ils faisaient parfois un commentaire faux, sous le couvert d'Ulpien ou de Paul. Nous trouvons à cet égard un texte formel, qui montre, que dès l'établissement du droit honoraire, les aubergistes étaient tenus de restituer ce qu'ils avaient reçu de leurs voyageurs à titre de sauvegarde *(Salvam fore)*, si l'on peut s'exprimer ainsi, et qu'à défaut de restitution, ils étaient poursuivables, en vertu d'une action dont nous ne tarderons pas à voir les caractères spéciaux et intéressants, tout au moins au point de vue du droit romain. Voici la phrase de l'Édit : « Nautæ, Caupones,

Stabularii, quod cujusque salvum fore receperint, nisi restituant in eos judicium dabo ».

Comme nous l'indiquions antérieurement, c'est un des rares endroits, où nous voyons la loi et la juris-prudence romaines s'occuper des aubergistes. A raisonner sur ce seul texte, et indépendamment de tout le commentaire qui l'accompagne au Digeste, il en ressort très sûrement, que le fait par l'aubergiste de recevoir les objets apportés en son hôtel par le voyageur, créait au profit de ce dernier, et à l'encontre de l'autre, une obligation de restitution intégrale sanctionnée par un *judicium*, c'est-à-dire par une action. La précaution, prise par le préteur de sanctionner dans son édit cette situation de fait, n'étonne pas. On sait en effet, que pour le Romain primitif, la réception d'une chose ne créait pas l'obligation de restitution intégrale, si elle n'avait pas été accompagnée d'une convention solennelle. Indubitablement, dans une civilisation naissante, où les rapports d'aubergiste à voyageur étaient peu fréquents, il eût fallu, pour faire naître une obligation quelconque à la charge de l'hôtelier réceptionnaire, un engagement solennel de sa part, un contrat civil et formel, en un mot, une stipulation. Mais le *receptum*, sanctionné par le préteur, n'était pas un contrat formel. Cette idée a surtout été suggérée par le témoignage de Justinien, qui, à propos de l'*actio receptitia*, parle de termes solennels en désuétude de son temps : « Receptitia actione cessante, quæ solemnibus verbis composita inusitato recessit vestigio C..., p. t., 2 pr. » et qui ne sont que des termes de l'*actio receptilia*, arrêtés comme ceux de toutes les formules (1).

Il serait pourtant peu admissible d'imaginer l'échange solennel d'un accord entre l'aubergiste et le passant qui vient lui demander un abri. Ces procédés sont compréhensibles à une époque de relations sociales restreintes et peu fréquentes, mais ne le sont plus dans une civilisation tant soit peu avancée.

Avant d'être sanctionné comme pacte prétorien (2), peut-être le *receptum* se pratiquait-il sous la forme d'une aliénation fiduciaire. Mais ceci ne saurait être donné qu'à titre purement hypothétique, car on se trouve aucune trace d'application de la fiducie dans ce cas (3) et c'était peu probable, en raison des inconvénients de la fiducie, qui exigeait une absolue confiance en celui avec qui on la pratiquait.

Les progrès de la civilisation romaine, l'extension considérable des relations nécessitèrent bientôt la création de transports, d'auberges, de banques et nous voyons apparaître une situation de fait : le *Receptum* ou reception par un tiers des objets d'un autre à titre de sauvegarde, que le prêteur sanctionne par une action *in factum*.

Le *Receptum* n'est pas la seule relation juridique que les Romains ont dû relever entre l'aubergiste et le voyageur. A côté de la *localio* examinée déjà, ils ont perçu, à une certaine époque, entre l'aubergiste et le

(1) GIRARD. — *El. d. dr. rom.*, p. 588 et 89, note 8.
(2) *Ibidem*.
(3) GIRARD. — *El. d. dr. rom.*, p. 507.

voyageur, un contrat de dépôt qu'on aurait pu croire *a priori* ne faire qu'un avec le *Receptum*, mais qui coexiste avec lui, sans avoir les mêmes effets : c'est du moins ce que l'on peut arguer du Digeste, l. IV t. IX, fg. 3 § 2, rapproché du § 1.

Ceci posé, il nous reste à voir rapidement les règles du *Receptum* et du dépôt chez l'aubergiste à Rome.

§ III. — DU RECEPTUM.

Le *Receptum cauponum* est avant tout une situation de fait plutôt qu'un véritable accord de volonté entre l'aubergiste et le voyageur : On pourrait discuter, sur le point de savoir, si cette situation suffisait à elle seule à entraîner l'application de règles que nous allons voir, ou s'il fallait un échange exprès ou tacite de volontés entre les parties. La question ne saurait supporter une solution définitive, et les textes ne nous donnent aucun appui formel dans l'un ou l'autre sens. L'Edit indique que l'aubergiste doit avoir reçu *(Salvum fore)*, à titre de sauvegarde ; ce qui semblerait, à première vue, supposer que son intention d'accepter les objets à ce titre doit être exprimée ou sous-entendue, c'est-à-dire qu'il y a une convention, un pacte exprès ou tacite. Mais cette idée est combattue par les décisions d'espèces qui sont en contradiction avec elle. C'est ainsi que le § 8, fg. 1, t. IX, liv. IV. Dig. nous montre le maître de navire, à qui l'aubergiste est assimilé par la fg. 2 *Eod. titulo*, engagé dans le *Receptum* encore que les objets par lui reçus lui fussent inconnus « etsi non sint adsignatæ » ; on ne peut évidemment pas supposer ici une acceptation expresse ou autre : il ne saurait s'agir que d'une situation de fait, la réception. Remarquons toutefois, que ce n'est qu'une opinion d'Ulpien *(et puto)*, commentateur de l'Edit.

Quelle que soit la nature juridique du *Receptum*, il avait pour résultat d'obliger d'abord l'aubergiste à restituer ce qu'il avait reçu à titre de sauvegarde, et à défaut de restitution, à se voir poursuivi au moyen d'une action *in factum*. Le fondement de cette obligation et de cette action se comprennent sans peine, comme le dit très bien le commentateur (§ 1, fg. 1, Tit. cit.); il est obligatoire pour le passager qui descend chez l'hôtelier de suivre la foi de ce dernier et de confier à sa garde ce qu'il a. Retenons cette idée de nécessité, elle nous servira pour essayer de distinguer le dépôt du *Receptum*, et elle pourra servir d'élément historique pour expliquer le caractère spécial du dépôt moderne chez l'aubergiste.

Quels sont exactement ceux qui sont tenus du *Receptum Cauponum ?* « Caupones autem et stabularios æque eos accipiemus qui cauponam exercent institoresve eorum » dit le § 5 du fg. 1. Ce sont donc non seulement les propriétaires mêmes de l'auberge, mais encore ceux qui y sont placés à titre de tenanciers, de gérants : ce qui était presque de règle, les Romains ayant l'habitude de ne pas faire eux-mêmes le commerce, mais d'y attacher leurs esclaves ou leurs affranchis. Il est bon cependant de ne pas prendre à la lettre cette phrase d'Ulpien. Elle n'a pas été vraie à toute époque, comme le montrera la mise en jeu de l'action *in factum*, et les véritables propriétaires ont pu très vraisemblablement se soustraire à la responsabilité sous le couvert de leurs esclaves. Mais il paraît bien certain, que dans le droit classique, le maître de l'auberge pouvait être poursuivi en même temps que son tenancier, sinon en vertu de l'action dérivant du *Receptum*, tout au moins, par l'action *institoire*, action *adjectitiæ qualitatis causa*, sur laquelle nous reviendrons bientôt.

L'aubergiste, propriétaire ou tenancier, est d'ailleurs engagé dans le *Receptum* sans distinction à faire entre les objets reçus, et quelle que soit leur destination, marchandises ou objets d'usage personnel. Cette solution, qui paraît surtout intéressante pour le maître du navire, l'est également pour l'aubergiste, car il devait lui arriver souvent, comme de nos jours, de recevoir des commerçants voyageant pour le négoce et transportant à leur suite des marchandises. Le *Receptum* existait aussi bien à l'égard de celles-ci que des autres objets personnels au voyageur, dès que l'hôtelier les avait laissé entrer dans son hôtel. Ce dernier n'aurait pu se prétendre dégagé, parce que les objets apportés chez lui n'étaient pas la propriété du voyageur (§ 7, fg. 1). Or, et ceci serait un argument de plus pour établir que le *Receptum* est une simple situation de fait, l'accord des volontés n'intervenant pas ici entre le vrai propriétaire et l'hôtelier.

Mais il faut noter avec soin, que le *Receptum* n'existe jamais que s'il y a réception, si le fait de la remise par le voyageur se présente comme quasi-nécessaire.

L'aubergiste est le propre arbitre de la mesure où il veut s'engager par son fait, et peut refuser de recevoir le voyageur avec ses bagages dont l'introduction créerait le *Receptum* (§ 1, fg. 1).

Dans quels cas se trouve engagée la responsabilité de l'aubergiste réceptionnaire? Plusieurs hypothèses peuvent se présenter. D'abord et bien évidemment, s'il restitue intégralement ce qu'il a reçu, point de difficulté, le fait générateur de l'obligation a disparu et avec lui l'obligation elle-même. Pour que la responsabilité naisse, il faut que, par suite des circonstances, l'aubergiste soit dans l'impossibilité de rendre au voyageur les objets qui lui ont été remis.

Ces circonstances sont multiples, et nous n'avons à voir ici que les plus fréquentes et les plus générales : ou les objets ont été perdus, ou ils ont été détériorés, ou enfin, ils ont été volés ; telles sont les principales espèces du texte. Peu importe d'ailleurs que la perte, la détérioration ou le vol soient l'œuvre de l'aubergiste, de ses serviteurs, ou d'un tiers passager, la responsabilité existe toujours contre l'hôtelier lui-même. Il est naturel qu'elle existe contre les auteurs mêmes du fait dommageable quand il ne provient pas de l'hôtelier, mais l'une n'empêchera pas l'autre.

L'intérêt de la question réside dans la raison, qui fait déclarer l'aubergiste responsable du fait d'autrui. Cette responsabilité semble aux yeux des Romains résulter principalement de l'obligation de garde, qui pèse sur lui à raison du *Receptum*, il doit pour ce motif, surveiller et ses domestiques et les tiers ; et la perte, la détérioration ou le vol de leur part sont autant de faits probants de son défaut de surveillance et d'infraction à son obligation ; c'est du moins l'idée qu'on peut extraire du fg. 5 princp. *Tit. cit.* Notez d'ailleurs, qu'il n'a pas paru utile aux Romains de distinguer selon que l'aubergiste a reçu le voyageur moyennant rétribution ou gratuitement : l'obligation de garde existe dans tous les cas et entraine toujours les mêmes conséqences. N'allons pas trop loin cependant : le *Receptum*, quoique fort rigoureux dans ses résultats, cesse de s'appliquer lorsque le fait dommageable est la suite d'un événement indépendant de la volonté humaine, qui a pour conséquences générales, en toute matière obligatoire, de supprimer l'obligation, soit, lorsqu'on est en présence d'un cas de force majeure (fg. 3, § 1 *in fine*).

Observons encore que l'aubergiste n'est tenu du *Receptum* que lorsque la réception a eu lieu dans l'exercice de sa profession ; en toute autre circonstance les règles du dépôt seraient seules applicables (fg. 3, § 2).

§ IV. — DES ACTIONS QUI COMPÉTENT AU VOYAGEUR CONTRE L'AUBERGISTE.

Quelles sont maintenant les actions qui compétent au voyageur lésé contre l'aubergiste ? C'est d'abord dans le *Receptum*, l'action *in factum*. Le magistrat romain, en présence d'une espèce inadaptable aux formules du droit civil et pour trancher la difficulté, délivrait néanmoins la formule de comparution devant l'arbitre ou juge, en se bornant, au lieu d'invoquer un texte de droit civil, à y poser en fait la situation, invitant ainsi le judex à la trancher par voie d'analogie, à la simple lumière du bon sens ; c'est de cette forme de rédaction dans sa formule que l'action *in factum* a tiré son nom. Les applications du procédé furent multiples, autant que les espèces à résoudre, et nous nous trouvons en notre matière en présence de l'une d'elles, en quelque sorte prise sur le vif. Le magistrat, sans appui dans le droit civil, pour établir les éléments du litige, d'où devait résulter la responsabilité ou la non responsabilité de l'hôtelier, rédigeait sa formule *in factum*. Le fait invoqué était la réception des objets apportés par le voyageur. La formule rétablie par M. Lenel (*Edictum perpetuum*, p. 101), au sujet des *nautæ*, est la suivante :

« Titius judex esto. Si paret N^m N^m, cum navem exerceret, A^i A^i res quibus de agitur salvas fore recepisse neque restituisse, quanti ea res erit, tantam pecuniam, judex N^m N^m A^o A^o condemna ; si non paret, absolve. »

M. Lenel n'a pas donné la formule pour les hôteliers. Nous proposons la rédaction suivante imitée de la précédente :

« Titius. j. e. S. p. N^m N^m, cum cauponam exerceret A^i A^i. r. q. d. a. salvas fore recepisse neque *dolo malo* ? restituisse, etc. »

Cette action honoraire, si elle était seule à sanctionner le *receptum* proprement dit, n'était pas par contre la seule que le voyageur eut à sa disposition contre l'aubergiste, auquel il avait remis ses bagages et qui ne les rendait pas. Si le voyageur était traité à l'hôtel à titre onéreux, il puisait dans son contrat de louage une action civile *ex locato vel conducto*, par laquelle il pouvait obtenir l'exécution du contrat, comprenant la restitution des objets remis au locateur ou tout au moins leur valeur. Si son passage à l'hôtel lui était accordé sans bourse délier, il y avait toujours au moins, entre lui et son hôte, un contrat de dépôt, qui lui permettait d'agir par l'action civile *depositi directa*, en restitution du dépôt ou plus exactement en paiement de sa valeur. En outre si l'on sort de l'hypothèse d'une inexécution fautive mais non délictuelle du contrat existant entre l'aubergiste et le voyageur, pour rentrer dans celle où il y a délit, tel que vol ou *damnum injustum*, le voyageur aura encore à sa disposition, soit l'action *furti*, soit celle de la loi Aquilie. Enfin si l'on suppose que la perte, la détérioration ou le vol soient l'œuvre du tenancier *(Institor)*, d'un esclave ou du fils en puissance de l'aubergiste, on verra s'adjoindre contre lui au profit du voyageur à la liste déjà indiquée les actions *institoria*, de *peculio* ou de *in rem verso* et parfois l'action *quod jussu*, c'est-à-dire les actions *adjectitiæ qualitalis*, sans compter les actions *noxales*.

Que va faire le voyageur de toute cette série de moyens de poursuite ? Peut-il en user indistinctement, et de l'un après l'autre, selon son caprice ou son avantage ? Il paraît certain que le voyageur devait exercer son choix entre les actions *locati* ou *depositi* et l'action du *receptum* ; car après avoir usé de l'une, il n'aurait pu employer l'autre, sans se voir opposer l'exception de la chose jugée. Et très sûrement le voyageur optait pour l'*actio in factum*, qui était plus large, notamment au point de vue de la note génératrice de responsabilité. En effet, en matière de dépôt, l'aubergiste n'était tenu que si la perte provenait de son dol ; en matière de louage, que si elle était le résultat d'une faute de sa part. Au contraire l'action du *receptum*, dérivant d'un simple fait, était ouverte contre lui, même si la perte s'était produite sans la moindre faute de sa part, à l'exception, comme on l'a signalé plus haut, du cas de force majeure : l'aubergiste, en un mot dans le *receptum*, est tenu même des cas fortuits.

Le voyageur pouvait-il davantage cumuler l'action du *receptum* et l'action *furti*, en cas de vol de l'aubergiste ? L'intérêt paraît résider dans le résultat différent des deux actions : la première ne pouvant entraîner en général qu'une condamnation au simple de la valeur des objets remis à l'aubergiste, l'autre amenant au contraire une condamnation au double. Ici encore, il semble bien que le voyageur devait choisir, et c'était l'opinion dominante à l'époque classique (fg. 3, § 6). Néammoins, l'intérêt de l'option semble disparaître, lorsqu'il s'agit du fait d'un serviteur de l'aubergiste, dans ce cas, en effet, l'action *in factum* deviendrait au double comme l'action *furti* (fg. 7, § 1).

Ces conclusions toutefois sont loin de pouvoir être formelles, et il faut ici ne se fier aux textes qu'à demi. C'est une règle en générale admise en droit romain, que l'action *furti* pénale peut parfaitement se cumuler avec une action simplement *repersécutoire*, telle que celle du *Receptum*. On ne voit pas pour quelle raison on aurait écarté la règle en notre matière. Quant à la transformation de l'action du *Receptum* en une action au double, quand le dommage provient du fait des enfants ou esclaves de l'aubergiste, elle est également fort contestable et à première vue assez bizarre. Cette difficulté pourra peut-être s'éclairer à l'aide d'un autre texte du même jurisconsulte Ulpien, (fg. unique, liv. XLVII tit. 5) « furti adversus caupones » ; ce texte nous révèle en effet que lorsqu'un vol a été commis dans une auberge par quelqu'un des gens du patron ou des habitants, il y a contre l'aubergiste une action au double, *et est in duplum actio ;* ici Ulpien ne parle plus d'action *in factum* et le premier mouvement est de songer qu'il s'agit purement et simplement de l'action pénale *furti*. Dans la fg. 7, § 1, il s'agit non plus de vol, mais d'un simple fait dommageable des gens ou enfants de l'aubergiste ; dans cette hypothèse, le prêteur, qui n'avait pas de règle du droit civil applicable, délivrait une *actio in factum*, ou par analogie avec le cas du *furtum*, et à raison délictuelle du cas, il rédigeait la condamnation *in duplum*.

Cette action là était-elle l'action *honoraire de recepto,* que nous indique le § 3 du fg. 3 ? Il est permis d'en douter ! Il s'agit plutôt d'une action à caractère pénal que persécutoire. Elle dérivait bien du *Receptum*, mais elle semble bien plutôt être la conséquence du lien de parenté ou de puissance existant entre l'hôtelier et ceux dont il était responsable (servi, liberi), c'est une action quasi délictuelle et rien d'autre, comme le montre très bien M. Accarias en s'appuyant à juste titre sur les *Institutes de Justinien*, liv. II, tit. 5, § 3 (1).

Cette idée nous amène, par une transition toute naturelle, aux actions *adjectiliæ qualitatis*, qui peuvent naître contre l'aubergiste, du fait de ses esclaves ou de ses enfants employés dans son auberge. Avec ces actions, créées par le préteur, encore à l'occasion principalement des transports maritimes et des exploitations commerciales, parmi lesquelles spécialement les *tabernæ* et les *cauponæ*, les cafés et les hôtels de cette époque, nous trouvons encore, dans cette étude à Rome des rapports de l'aubergiste et du voyageur, l'occasion de signaler un des côtés de l'œuvre prétorienne. Les Romains possesseurs d'une certaine fortune, en gens essentiellement pratiques, l'employaient à des entreprises commerciales de toute espèce pour la faire fructifier, mais il fut longtemps de règle chez eux qu'un citoyen libre, d'une certaine classe, ne pouvait se livrer au commerce sans déchoir, et ils imaginèrent alors de mettre à la tête des entreprises, qu'ils désiraient exploiter, les plus intelligents de leurs esclaves et même leurs fils, puisque ces fils sous leur puissance étaient, quoique citoyens et libres,

(1) Accarias II, n° 685 *in fine* et note.

dans un état d'infériorité comparable à celui de l'esclave. Pas de déchéance personnelle par conséquent, avantage considérable à tous les points de vue, parce que le tenancier du fonds exploité travaillait pour eux, et parce qu'aussi, ils n'en étaient pas primitivement responsables. On sait, en effet, qu'à Rome le maître ou le *pater familias* n'est en principe tenu d'aucune obligation contractée par son esclave ou son fils en puissance; ceux-ci sont pour lui des instruments d'acquisition mais non d'obligation. Quelque respectueux qu'on puisse être des traditions fondamentales d'une race, et notamment de la *potestas* du chef romain, il y avait là, avec les développements de la civilisation et des relations civiles ou commerciales, une véritable injustice. Celui qui avait placé son fils ou son esclave à la tête d'une auberge, dont il était le propriétaire et dont il touchait les produits, était mal venu à tirer son épingle du jeu quand un événement préjudiciable se produisait : *ubi emolumentum, ibi onus*, c'est une règle de bon sens, mais comment concilier le bon sens et les règles étroites du droit civil, empreintes de l'étroitesse des idées primitives? La représentation n'existait pas entre le maître ou le père et l'esclave ou le fils, *jure civili* ; le lien obligatoire n'existe qu'entre ceux qui l'ont formé, c'est-à-dire, entre le voyageur et le tenancier de l'auberge, esclave ou fils en puissance. Le prêteur sut trouver dans la rédaction de la formule, instrument qu'il adapta aux cas nouveaux, un moyen de tourner le droit civil.

Le voyageur, dont les effets avaient été perdus,

détériorés ou volés, va poursuivre le tenancier de l'auberge avec qui il est seul en rapports juridiques. La formule de l'action délivrée par le prêteur constatera cette situation dans la *demonstratio* et l'*intentio*, mais la *condemnatio* portera au contraire le nom du véritable intéressé et poursuivi, savoir le maître ou le père de famille. Les hypothèses où le prêteur a usé de ce moyen, pour amener ce dernier à reconnaître ses véritables obligations et à les exécuter, sont multiples, et il serait trop long de les examiner en détail. Il est certain que nous trouverions en notre matière des aubergistes romains, à peu près tous les cas d'application des actions de ce genre, sauf l'action *exercitoria*, qui est spéciale au maître de navire. Ainsi, l'action *quod jussu* entrera en jeu, lorsque l'aubergiste aura donné l'ordre ou l'autorisation à un de ses esclaves de le remplacer momentanément dans son auberge, d'y recevoir les voyageurs et de passer avec eux tous les engagements utiles. Si l'esclave est non seulement provisoirement gérant de l'auberge, mais y est placé à demeure d'une façon régulière, ce sera l'action *institoria*, du titre même caractérisant la situation du tenancier de l'hôtel *(Institor)*. Supposons maintenant que l'esclave, placé par son maître à la tête d'un pécule, s'en serve pour exploiter une auberge, au vu et au su du maître ; celui-ci devra abandonner aux créanciers de l'aubergiste, c'est-à-dire aux voyageurs qu'il aura lésés dans son négoce, le pécule, dont cependant il est en principe seul propriétaire ; l'action *tributoria* servira à cet effet, ou bien encore l'action de *peculio*.

Enfin, une dernière espèce s'imagine sans peine : notre esclave aubergiste ou employé d'auberge s'est engagé vis-à-vis des voyageurs, sans pécule, et cet engagement a profité à son maître ; ce dernier sera tenu, dans la mesure de son enrichissement, des dommages causés aux voyageurs par son esclave, et poursuivi au moyen de l'action de *in rem verso*.

Enfin, une dernière action peut appartenir au voyageur contre l'aubergiste : c'est l'action noxale. Les actions *adjectitiæ qualitatis* ne se présentent que pour sanctionner les obligations contractuelles ou quasi-contractuelles existant entre l'hôtelier et son hôte, du chef de la personne en puissance. L'action noxale est la sanction des obligations délictuelles ou quasi-délictuelles du même chef. Elle n'est d'ailleurs pas la seule. Nous avons déjà vu qu'au cas de délit commis par l'esclave de l'aubergiste à l'encontre des objets déposés par le voyageur, celui-ci aura contre l'hôtelier l'action *in factum* au double, au cas de vol ou de simple fait dommageable. Mais très vraisemblablement, cette action, à caractère pénal, n'est ouverte au voyageur que lorsque l'aubergiste a connu le délit ou n'a pas cherché à s'y opposer : *domino sciente vel non prohibente*. Car il ne s'agit plus ici de l'action du *receptum*, dérivant du seul fait de la réception et ouverte contre l'aubergiste, sans qu'il y ait la moindre faute de sa part, on est en présence d'une action pénale, ouverte contre les délinquants seuls, soit au sens romain : l'auteur principal et ses complices plus ou moins avérés. Cette action pénale cessera de compéter contre l'aubergiste, s'il est absolument étranger au fait délictuel de son esclave, et néanmoins, il sera poursuivable : *propter rem*, en qualité de propriétaire de cet esclave, par l'action noxale, qui le contraindra, soit à abandonner l'auteur du délit au voyageur, soit à payer le montant du préjudice causé. Ceci sera le cas le plus fréquent. On peut toutefois noter que l'action noxale existera concomittante à l'action pénale directe contre l'aubergiste, dans les délits particulièrement graves, tels que le vol avec violence, toujours bien entendu au vu et au su du maître (1).

Ce résultat de la théorie générale en matière d'action noxale est cependant formellement contredit par le texte fg. 3, § 3 Digeste, l. IV tit. IX. Il indique en effet l'inapplication de l'action noxale au cas de vol commis par l'esclave du maitre de navire dans le *Receptum*, parce que le maitre de navire est tenu : *suo nomine*, par le *Receptum*, et que l'abandon noxal ne saurait suffire à le libérer. Il est de règle, en effet, que l'action noxale n'est pas la seule qui existe contre le maitre, en cas de délit, dont il a une part personnelle, mais pourquoi sa suppression ?

Il faut supposer pour cela, que dans l'esprit du juriste romain, le maitre aubergiste fait sien en quelque sorte par le *Receptum* les délits commis par son esclave dans son auberge. Le maitre serait seul obligé ; parce que le délit serait sensé commis sur son ordre ou en crainte d'un châtiment de sa part (2).

---

(1) ACCARIAS II., n° 884.
(2) ACCARIAS. — *Op. cit.*, t. II, n° 884.

Cette opinion peut s'appuyer au reste sur le fg. 3, § 3, qui dans son espèce imagine que l'esclave a agi au su du maître : *voluntas domini intervenit*. Mais hors cette hypothèse, l'action noxale reprendra son empire, suivant les règles générales que nous venons d'indiquer.

Nous nous sommes attachés, surtout jusqu'ici, aux délits commis sur les biens du voyageur, ou aux dommages qui les ont atteints. Les rapports, de ce dernier avec l'aubergiste, sont aussi strictement personnels, pour ainsi dire, en ce sens, qu'ils donnent lieu à des événements touchant la personne même du voyageur, et dont il y a lieu de s'occuper rapidement. Il ne saurait s'agir ici de questions contractuelles.

La seule partie, du contrat possible où le voyageur puisse être personnellement engagé, est le louage de services. Nous n'avons pas à insister sur sa formation, son exécution et sa mise en œuvre. Mais il peut se produire plus souvent des délits, ou des quasi-délits, contre la personne du voyageur. C'est l'aubergiste ou l'un de ses employés qui le frappe, qui l'injurie, qui le blesse plus ou moins gravement par imprudence. Quels vont être les droits du voyageur dans ces différents cas ? La question suppose un simple renvoi à la théorie des délits en droit romain. Le voyageur aura suivant les circonstances, soit l'action : *legis aquiliæ*, directe ou utile, soit l'action *injuriæ*, soit enfin l'action noxale, qui coexiste, comme nous l'avons déjà indiqué, en cas de délit spécialement grave.

§ V. — Des actions qui compétent a l'aubergiste contre le voyageur.

Nous avons borné jusqu'ici notre examen aux droits du voyageur, c'est-à-dire aux obligations de l'aubergiste, pour cette raison bien naturelle, que les textes, que nous avons été amenés à examiner, ne s'arrêtent qu'à ce côté de la situation. Il faut néanmoins voir l'autre et examiner les obligations du voyageur descendu dans une hôtellerie vis-à-vis de l'aubergiste. En vertu du contrat de louage, ce dernier a droit au prix débattu entre lui et son passager, prix qu'il peut exiger au moyen de l'action *conducti*. D'autre part le dépôt effectué par le voyageur dans l'hôtel peut entrainer pour l'hôtelier des dépenses accessoires de conservation, non comprises nécessairement dans la *merces locationis*, et qui seront à la charge du voyageur, poursuivable de ce chef par *l'actio depositi contraria*. Ce dépôt d'une part, comme le *receptum* de l'autre, ne donnent-ils cependant à l'aubergiste d'autre compensation des obligations rigoureuses, dont ils sont la source pour lui, que celle de réclamer le montant de ses impenses conservatoires. Il est absolument certain que l'aubergiste dépositaire, non payé de ses impenses, a le droit de rétention (1). C'est la seule garantie qui lui soit accordée, et il est complètement dépourvu de cet avantage, quand il a eu l'imprudence de se laisser déposséder des objets reçus par lui. Ce

---

(1) *Collatio legum mosaic.* Tit. **X**, caput 2, § 6.

droit de rétention garantissait en même temps l'aubergiste des inconvénients, que lui causaient le *receptum*, car poursuivi *de recepto*, il lui était vraisemblablement loisible de motiver son refus de restitution sur le défaut de paiement du voyageur, et de le lui opposer par une exception tirée de son droit de rétention.

Telle est la situation pour l'aubergiste au point de vue des rapports contractuels ou analogues. Mais si l'hôtelier, ou les siens, sont susceptibles de commettre des délits ou des quasi-délits vis-à-vis du voyageur, celui-ci n'en est pas plus incapable à leur égard. Il peut parfaitement lui arriver, s'il est peu honnête, de manipuler frauduleusement les objets de l'auberge pour se les approprier ; il peut surtout, et ce sera plus fréquent, détériorer, endommager le lieu où il séjourne et les objets qui lui sont remis pour son usage, durant son séjour. Il lui arrivera, s'il est violent ou brutal, de frapper, parfois de blesser, d'injurier soit le patron, soit ses esclaves. L'aubergiste aura évidemment le droit de réclamer la réparation de ces divers faits par la voie des actions pénales ou des actions persécutoires. Il y aura, ici, la mise en jeu de l'arsenal d'actions, que nous avons eu l'occasion d'examiner plus haut, au profit du voyageur contre l'aubergiste, mais cette fois en sens inverse, au profit de ce dernier contre le premier.

Le voyageur sera également tenu, soit par une action directe, soit par l'action noxale, des délits ou quasi-délits des gens de sa suite, descendus avec lui à l'hôtel, principalement de ses esclaves.

Tel est l'exposé succint des rapports entre aubergistes et voyageurs en droit romain. Nous ne dissimulons pas que nous nous sommes bornés ici à une étude rapide et très résumée. Un examen complet et détaillé, notamment au point de vue des diverses actions qui mettent en jeu la responsabilité de l'aubergiste, dépasserait les limites de notre sujet.

CHAPITRE II

ANCIEN DROIT FRANÇAIS

---

§ I.— Règlementation de la profession d'aubergiste

Dans l'ancien droit français, comme en droit romain, on considère comme aubergiste ou hôtelier, celui qui fait profession de loger les gens de passage, dans le lieu où ils exercent leur commerce. Mais cette profession fut très tôt réglementée assez étroitement, dans l'intérêt de la sécurité et du bon ordre général, non moins que dans celui des voyageurs.

Dès le XVe siècle, on voit un édit du 26 novembre 1407 de Charles VI. contraindre les aubergistes à une sorte de contrôle quotidien de police, en ce qui touchait les voyageurs descendus chez eux : « Nous vous » mandons, disait le roi au Prévôt de Paris, que en » notre bonne ville de Paris, vous fassiez crier et » publier hâtivement que seuls hôteliers ne logent ou

» hébergent en leurs hôtels aucunes gens de quelque
» état qu'il soient, sans le faire assavoir par chascun
» jour au soir à vous nostre dit prévôt ou à vostre
» lieutenant ». Cet édit spécial à la ville de Paris fut
interprèté, en ce sens, que les hôteliers seraient tenus
d'avoir des registres destinés à l'inscription des noms,
qualités et domiciles des voyageurs, registres contrôlés
par le police locale. (Règlement général de Police du
16 mars 1635) (1).

Un édit de mars 1740 (2) créateur des inspecteurs de
police, confirma cette interprétation et l'imposa à titre
de règle légale. Cette réglementation, particulière à
Paris, fut étendue à la veille de la Révolution, par un
arrêt du Parlement du 5 septembre 1788.

Pour compléter ces mesures de bon ordre social, on
voit dès le XVIe siècle, les rois de France exiger des
hôteliers eux-mêmes des conditions de moralité pour
exercer leur profession. D'abord ils ne purent s'établir
sans avoir obtenu permission du juge de police de la
localité, ainsi qu'il résulte des Déclarations de
Charles IX, du 20 Janvier 1563 et 25 mars 1567 (3)
Dix ans plus tard, un édit imposait l'obtention de
l'autorisation royale, « voulant empêcher que des gens
inconnus, sans aveu et de mauvaise vie, s'immissassent
de tenir hôtellerie ou auberge » Édit de Henri III de
mars 1577 (4). Cette organisation fut achevée par un

(1) DENISART, V° Hôtellerie, § 17.
(2) MERLIN, T. VII. V° Hôtelier.
(3) MERLIN, § VII, V° Hôtellerie.
(4) *Idem.*

édit de Louis XIII (Janvier 1627) (1), qui essaya, mais sans succès pratique, de monnayer l'autorisation royale, en faisant payer au titulaire de l'auberge une finance qui devait rendre la permission héréditaire, et par un édit de Louis XIV (Mars 1693) (2), qui frappe d'une amende de 300 livres, celui qui tiendrait hôtel ou auberge sans lettres d'autorisation,

Il naissait de cette réglementation, sous l'ancien régime, une obligation primordiale pour le voyageur : c'était la déclaration à l'hôtelier de son identité, pour que celui-ci puisse satisfaire aux règles de police.

Mais l'aubergiste pouvait-il refuser l'accès de sa maison, si le passager ne voulait pas satisfaire à cette obligation ? La solution affirmative semble bien inconciliable avec cette autre charge qui incombait à l'époque aux aubergistes, de tenir constamment leur maison ouverte, et de ne pouvoir en refuser l'entrée aux voyageurs. Trois édits du XVIe siècle, en effet, avaient établi cette règle (3) : le premier de Henri II, le 17 octobre 1540, dont l'article VII interdisait aux hôteliers, sous peine de confiscation de corps et biens, d'abandonner et de laisser leurs hôtelleries, si ce n'est pour cause juste et légitime et après avoir prévenu les officiers de police des lieux, un an-devant : le second de mars 1567, qui supprimait la nécessité de prévenir un an à l'avance l'administration, mais contraignait les aubergistes à rester un an au moins en exercice,

(1) MERLIN, § VII, V° Hôtellerie.
(2) *Idem.*
(3) *Idem.*

« sauf juste occasion et excuse légitime prouvées en justice » ; enfin, le troisième, du 31 mars 1572 (1), qui est tout à fait général et ne semble jamais permettre aux aubergistes de laisser leurs auberges. « Et au cas, portait-il, qu'aucuns hôteliers voudraient, par monopole, laisser leurs hôtelleries, voulons qu'ils soient contraints, les continuer comme auparavant et ce par saisie de tous et chacun leurs biens et par prison ».

Tels étaient au point de vue général, sous notre ancien droit, les premiers rapports des voyageurs et aubergistes et les principales règles qui y présidaient.

Quelle était la suite de ces rapports et leur nature, quand le voyageur avait pénétré dans l'auberge? C'est ce que nous allons examiner brièvement.

§ II. — RAPPORTS JURIDIQUES GÉNÉRAUX ENTRE AUBERGISTES ET VOYAGEURS.

D'après Domat (2), il se forme entre l'hôtelier et le voyageur une convention par laquelle l'hôtelier s'oblige envers ce dernier de le loger et garder ses hardes, chevaux et autres équipages, et de son côté, le voyageur s'oblige de payer la dépense. La convention d'hôtellerie est donc dans notre ancien droit un contrat composite de louage de choses et de dépôt.

(1) MERLIN. — Vº *Hôtellerie.*
(2) DOMAT. — Liv. I, tit. XVI, sect. I.

En ce qui touche le louage, il n'y a guère d'observation à présenter. Ce contrat était régi dans notre ancien
droit par les mêmes règles qu'en droit romain, lesquelles ont été reproduites dans le droit français
moderne. Nous les étudierons amplement à l'occasion
de ce dernier, et il ne nous paraît pas en conséquence
nécessaire de les aborder ici.

Il se formait aussi, dans l'ancien droit, entre le
voyageur et l'aubergiste un contrat de dépôt, relativement aux objets que le voyageur apportait dans
l'auberge, qui doit nous retenir davantage. Ce dépôt
était considéré comme nécessaire, et on y appliquait
les règles de preuve admises en pareille occurence,
savoir : l'admission de la preuve testimoniale dans
tous les cas. Cette règle a été notamment édictée par
l'Ordonnance de 1667, titre XX, art. 4. Mais elle
existait bien avant et était admise comme l'indique
Danty (1) : « Suivant nos mœurs, dit ce jurisconsulte,
il est constant que l'hôtelier, le patron d'un navire,
ceux qui tiennent des étables publiques, et tous ceux
qui font de semblables commerces publics et auxquels
on a coutume de confier quelque chose sur la bonne
foi publique, comme un foulon, pour se servir de
l'exemple de la loi, sont tenus de garder ce qu'on leur
confie à leurs risques, quoiqu'on ne les paie pas précisément pour en avoir la garde. Ainsi la présomption
est contre eux, si on les accuse d'y avoir manqué, mais
toutes les différentes actions du droit romain sont

(1) DANTY SUR BOICEAU. — *Traité de la preuve par témoins en
matière civile.* Addition. s. le chapitre III, n⁰ˢ 18 et 19.

abolies parmi nous, aussi bien en pays de droit écrit qu'en pays coutumier ; nous ne nous en avons réservé que l'esprit ».

Ainsi quoique l'Ordonnance de Moulins n'eut pas parlé du Dépôt dans les hôtelleries, on n'avait pas laissé, même avant l'Ordonnance de 1667 qui l'a accepté, d'admettre la preuve par témoin en ce sens « Louet, Lettre D n° XXXIII, en rapporte un arrêt du 26 octobre 1584, et telle était la juriprudence par tout le royaume ». Cependant, la preuve testimoniale du dépôt chez les aubergistes n'était pas acceptée sans réserves, spécialement l'Ordonnance de 1667 laissait au juge un pouvoir discrétionnaire sur son admission : « N'entendons pareillement, disait-elle, exclure la preuve par témoins pour dépôts faits en logeant dans une hôtellerie entre les mains de l'hôte ou de l'hôtesse, qui pourra être ordonnée par le juge, suivant la qualité des personnes et les circonstances du fait ». Cette restriction était justifiée ; « Autrement, comme le dit très bien Pothier, si cette preuve était accordée indistinctement à toutes sortes de personnes, les aubergistes serait à la discrétion des filous : un filou viendrait loger dans une auberge demanderait à faire la preuve d'un prétendu dépôt qu'il prétendrait avoir fait à l'aubergiste, et pour faire cette preuve, il ferait entendre comme témoins deux filous de ses camarades (1) ».

(1) Pothier, Dépôt n° 80.

§ III. — DE LA RESPONSABILITÉ DE L'HOTELIER

A raison de ce dépôt, l'hôtelier était responsable des objets apportés par le voyageur; c'est ce qu'indique Danty dans son passage précédemment cité : « sont tenus de garder ce qu'on leur confie à leurs risques ». Cette responsabilité était fondée par cet auteur sur les mêmes idées que celles du droit romain. « Deux choses dit-il (1) les avaient excités de veiller sur leur conduite, la nécessité de se fier à eux et le peu de foi qui s'y rencontre d'ordinaire. » Cette dernière idée était d'ailleurs assez fondée en pratique. On a vu plus haut que les auberges étaient plus ou bien famées dans l'ancien droit, et les précautions administratives prises à leur égard. On peut y joindre l'argument d'une ordonnance de police du 12 février 1367, citée par Denisart, qui défendait aux aubergistes d'ouvrir leurs portes le matin, avant d'avoir demandé à tous leurs hôtes s'ils n'avaient rien perdu dans la nuit précédente (2).

Mais la responsabilité ne s'appliquait-elle que si les objets avaient été spécialement et réellement remis en dépôt à l'aubergiste, ou seulement, si les objets avaient été introduits dans l'auberge? La question était controversée. Les termes de l'ordonnance de 1667 semblaient dans le sens de la première opinion, puisqu'elle parle de « dépôts faits en logeant dans une hôtellerie,

---

(1) DANTY, loc. cit. n° 16.
(2) DENISART. — Collect. de décisions nouvelles. V° *Aubergiste*, § 3, n. 2,

entre les mains de l'hôte ». Cette théorie eut surtout pour protagoniste Pothier qui, dans son chapitre du Dépôt, nous dit : « Observez que ce dépôt n'est pas censé intervenir, par cela seul, que le voyageur a apporté ses effets dans l'auberge au vu et au su de l'aubergiste ; s'il ne les lui a pas expressément donnés en garde. C'est pourquoi si les effets du voyageur sont volés ou endommagés dans l'auberge, par les allants et venants, ou même par d'autres voyageurs qui logent comme lui dans l'auberge, l'hôtelier n'en est pas responsable : mais, si le vol avait été fait, ou le dommage causé par les serviteurs de l'aubergiste, ou par ses pensionnaires, il en serait responsable, quand même les choses ne lui auraient pas été données en dépôt, car il ne doit se servir pour domestiques, n'avoir pour pensionnaires, que des gens dont il connait la fidélité, au lieu qu'il n'est pas obligé de connaître les voyageurs qui ne logent qu'en passant dans son auberge » (1). Pothier ébauchait ici une distinction que nous verrons reprise dans notre droit.

La seconde opinion était cependant prédominante. C'est ainsi que Charondas le Caron cite un arrêt du 14 août 1582 en ce sens, dans ses Mémorables Observations du droit français (2). « Et encore, qu'expressément ils n'en aient prins la charge, dit-il, si est-ce qu'ils sont tenus de la restitution de ce qui aurait été prins dans leur logis comme en ayant reçu la garde. Ainsi a été jugé par Arrest du 14 Aout, à la pronon-

---

(1) POTHIER. — *Op. cit.*, n° 74.
(2) Edition de 1614, p. 530-531.

ciation solennelle, 1582, par lequel un hôtelier fut
condamné à rendre les pacquets de la marchandise
amenée en son logis estant en la charette d'un voiturier empacquetée, qui avoit esté desrobée la nuit que
le voiturier y serait arrivé, sinon la juste valeur et
estimation...... ». Danty donne la même solution.
« Pour rendre l'hôte responsable des marchandises
des voituriers et voyageurs, selon nos mœurs, on a
jugé qu'il n'était pas nécessaire qu'elles lui aient été
données en garde, ni qu'il les ait vues, mais qu'il
suffit qu'il y ait preuve qu'elles y aient été apportées » (1).

En tout cas, il était généralement admis, malgré la
distinction de Pothier précitée, que l'hôtelier était
responsable, non seulement de ses faits personnels et
de ceux de ses serviteurs, mais de ceux de toute personne allant et venant dans l'établissement. Il en a été
jugé ainsi par des arrêts du Parlement de Paris des
28 janvier 1675 et 22 février 1780 (2). Il y avait exception cependant si le vol avait été commis ou le dommage
causé par les domestiques du voyageur (3). Il fallait,
en vertu des principes généraux des obligations,
exonérer l'aubergiste de la responsabilité, si l'événement provenait d'un cas fortuit ou de force majeure.
Notons que notre ancienne jurisprudence ne considérait
pas comme tel le vol avec effraction. Un arrêt du

---

(1) DANTY. — *Loc. cit.*, n° 21.

(2) Cités par nombre d'auteurs ; voir spécialement CURASSON : *Compétence des juges de paix*, n° 217, p. 333, n. 1.

(3) En ce sens un arrêt des *Grands Jours de Clermont*, cité sans
référence de date par MERLIN, rép. V° vol.

Parlement de Toulouse, du 27 février 1584, rend ainsi l'hôtelier responsable du vol commis dans son hôtel, en pénétrant dans celui-ci au moyen d'un trou dans la muraille de l'écurie (1).

D'ailleurs, la responsabilité de l'aubergiste, dans notre ancien droit, n'était pas indéfinie lorsqu'il s'agissait d'objets d'une valeur exceptionnelle, tels que bijoux, argent, diamants, etc. Le voyageur ne pouvait en demander compte à l'aubergiste que s'il les lui avait expressément confiés : sinon ce dernier n'était tenu que de la valeur des choses qu'un voyageur porte d'ordinaire avec lui selon sa condition sociale (2). La jurisprudence était dans ce sens (3).

Il nous reste à signaler, à côté de ces règles rigoureuses de responsabilité, celles qui furent édictées, par contre, pour donner des garanties à l'hôtelier.

§ IV. — DU PRIVILÈGE DE L'HÔTELIER.

L'ancien droit donnait, comme le droit moderne, des garanties à l'hôtelier pour sûreté de sa créance contre le voyageur. La base principale de la réglementation en cette matière est dans l'article 175 de la Coutume de Paris, que nous étudierons, et qui accorde à l'hôtelier, comme sûreté principale, un privilège.

---

(1) *Arrêts de Maynard*, liv. LXXXIII, n° 8.
(2) DENISART. — *Loc. cit.*, V° *Aubergiste*, § 3, n° 3.
(3) Arrêts du 27 août 1677 et 3 février 1687, cités par MERLIN, V° *Hôtellerie*, § 1.

Ce privilège n'est pas, comme on pourrait le croire, d'origine romaine ; il a sa source initiale dans une saisie privée que notre très ancien droit accordait à l'hôtelier comme au vendeur de meubles. Les Chartes de Beaumont-en-Argonne (a. LIII), de Trazegnies (1220), de Chapelle-lez-Herlaymont (1222) et les Keures de Flandre reconnaissent à l'hôtelier, non payé, le droit de se saisir des effets du voyageur restés dans sa maison, et ce, sans aucune formalité (1).

La procédure d'exécution est extrèmement simple. La Keure de Saffelære (1264), imitant celles des plus anciennes des Vier Aemter de Bruges, (1241-1242) nous cite quelques règles très intéressantes sur la vente des objets saisis : « Le saisissant fait proclamer la saisie à l'Eglise par trois dimanches ; si le débiteur ne les rachète pas, il les vend avec l'assistance de deux voisins, se paye, et verse le surplus au propriétaire du gage (2) ».

Cette procédure expéditive n'était pas sans présenter quelque danger pour le débiteur. Ce droit parut exhorbitant à une civilisation plus avancée. Aussi la jurisprudence du XIVe siècle, en même temps qu'elle réduisait à une saisie gagerie, le droit de saisie privée du propriétaire (3), transforma celle de l'hôtelier en un droit de retention et de gage privilégié. Les droits

(1) Voyez la thèse de M. COLLINET sur la *Saisie privée*, Paris, 1893, p. 175.

(2) Wœsland (1241) a 36. — Vier Aemter (1242) tit XVII : de furto et emptione rei furtivæ. — Saffelære (1264), a 23.

(3) COLLINET, *op. cit.*, pages 170, 171.

de réalisation et de paiement directs ont disparu : l'évolution est faite. La coutume de Paris, reproduction fidèle de la jurisprudence précitée, consacrée par la coutume 50 des *Coutumes notoires* et la décision 176 de Jean des Marés, n'accorde plus à l'hôtelier qu'un privilège (1).

A l'exemple de la coutume de Paris, celles de Calais, Mantes, Melun, Etampes, du Bourbonnais, du Berry reconnurent un privilège au profit de l'hôtelier.

Notre article 175 de la coutume de Paris s'exprimait ainsi : « Despens d'hostelages livrés par hostes à pèlerins ou à leurs chevaux sont privilegiez et viennent à préférer devant tout autre sur les biens et chevaux hostelez ; et les peut l'hôstelier retenir jusqu'au payement, et si aucun autre créancier les voulait enlever, l'hôstelier à juste cause de s'y opposer. »

Ferrière indique très bien les motifs de ce privilège et de ce droit de rétention : « La raison est, dit-il, que l'hôtelier est censé avoir en gage et en sa possession les meubles, hardes, marchandises et chevaux des passants, pèlerins et voyageurs, de sorte qu'il les peut retenir jusque au paiement entier de ce qui lui est dû, pour dépenses faites, en sa maison seulement. Le privilège est encore d'autant plus fort, qu'il est fondé sur la cause des aliments laquelle est très favorable ; sur la nécessité de l'office public des hôteliers qui logent sur les grands chemins et dans les villes ; étant obligés en faisant ce négoce de recevoir toute sorte de passants

_____

(1) COLLINET, *op. cit.*, page 176.

et voyageurs, quoiqu'ils ne les connaissent point, sans avoir aucune assurance du paiement de la dette et des dépenses qu'ils font chez eux. Sans les aliments fournis par l'hôtelier, les chevaux n'auraient pas pu être conservés ; ainsi, il doit avoir privilège sur iceux. Il est d'ailleurs bien juste de donner le privilège aux hôteliers sur les meubles, hardes et chevaux de leurs hôtes, d'autant qu'ils sont responsables de tout ce qui leur a été donné en garde ou qui a été apporté dans leurs maisons (1) ».

Ce privilège n'appartenait qu'aux aubergistes, c'est-à-dire à ceux qui tiennent un lieu destiné à recevoir loger et nourrir les voyageurs et leur suite (2). Les « taverniers et cabaretiers » n'étaient pas favorisés de cette garantie. L'article 128 de la Coutume de Paris allait même jusqu'à leur refuser toute action pour leurs créances. « La raison de la différence, dit Ferrière, est que si les cabaretiers et taverniers avaient action pour faire payer des dépenses faites en leurs maisons, ils ruineraient les jeunes enfants et même les pères de famille par la facilité qu'ils auraient de faire crédit à ceux qu'ils sauraient avoir de quoi payer, jusqu'à ce qu'ils les eussent entièrement ruinés ; c'est pourquoi, il a été à propos de les obliger de se faire payer dans le temps qu'ils fournissent actuellement les choses, et au moment où les dépenses se font chez eux (3) ».

(1) *Compil. des Comment.* sur la Cout. de Paris, II, art. 175, n°ˣ 1 et 9.

(2) DENISART. — Collect. de décis. nouvelles. V° Auberge.

(3) FERRIÈRE. — *Op. cit.*

La créance garantie par le privilège était celle des « despens d'hostelage » en général, et quels qu'ils fussent, pour « les hostes » et leurs chevaux. La coutume était générale dans ses termes. Cependant, sa portée avait été discutée : ainsi Dumoulin, interprétant l'article 193 de l'ancienne coutume de Paris, qui était devenu l'article 175 de la nouvelle, ne donnait privilège pour les dépenses faites dans l'auberge que si elles n'étaient pas excessives : « Unde si essent impensæ valde superflæ, non venirent, quia sunt contra bonos mores, nec eis favendum est » (1). Toutefois l'auteur de cette théorie n'avait pas fait école. Il suffit pour le constater de reproduire les critiques que lui adresse Ferrière : « Il me semble, dit-il, que ce n'est pas à l'hôtelier à s'informer, si les dépenses sont excessives ou non ; il est obligé par le commerce qu'il fait, de fournir à ses hôtes, ce qui lui est demandé par eux, au cas qu'il le puisse, et qu'il croie en pouvoir être payé, devant s'imputer si, en conséquence des dépenses excessives, il n'en peut pas être payé ; mais la coutume ne distingue pas et je ne crois pas qu'il faille distinguer en ce cas » (2).

Enfin ce privilège portait sur les « biens et chevaux hostelez » c'est-à-dire introduits dans l'hôtel, qu'ils fussent ou non la propriété du voyageur. « La raison est, dit Ferrière, que les hôteliers ne sont pas obligés de s'informer si les chevaux appartiennent à ceux qui

(1) Dumoulin, Edition de 1681, p. 932.
(2) Ferrière, *Op. cit.* II, art. 175 N° 3.

les mènent dans leurs maisons et à quel titre il les tiennent (1) ».

Passons maintenant à l'examen de notre droit moderne dont plus d'une règle n'est que la copie de notre ancien droit.

(1) FERRIÈRE, *Op. cit.* II, art. 175 N° 7.

DEUXIÈME PARTIE

———

DROIT FRANÇAIS MODERNE

DÉFINITIONS

—

Il est évidemment nécessaire, avant d'entamer l'examen des rapports juridiques entre hôteliers et voyageurs dans notre droit actuel, de déterminer ce qu'il faut entendre, de nos jours, par hôtelier ou aubergiste et par voyageur.

Voyons de suite, parce que la question ne suppose qu'un exposé très court et sans difficulté, quelle définition nous donnerons du voyageur. A prendre le mot dans le sens qui vient le plus spontanément à l'esprit, c'est celui qui voyage, c'est-à-dire, qui se déplace, qui passe d'un lieu dans un autre, qui va *per vias,* par les chemins et les routes. Ce qui semble donner le caractère précis du voyageur c'est donc la notion, le fait de déplacement. Mais quand doit-on considérer qu'il y a déplacement, pour qu'il y ait un voyageur. Le déplacement est susceptible de plus ou de moins; il peut consister à parcourir les rues d'une ville que l'on habite, comme à traverser le monde entier.

Au point de vue de notre sujet, l'habitant d'une ville qui sort de sa demeure pour aller loger, quels que soient les motifs de sa conduite, dans un hôtel ou une auberge de cette ville, est-il moins un voyageur que l'étranger qui descend dans le même hôtel pendant son voyage autour du monde ? La solution ne saurait, à notre avis, soulever de difficulté. Qu'il vienne de près ou de loin, celui qui descend à l'auberge, pour user de l'abri qu'y fournit le tenancier, est un voyageur et la longueur ou la durée de son déplacement sont indifférentes. Le voyageur est donc dans notre définition celui qui vient dans un hôtel ou auberge, pour y loger et y loge effectivement. C'est à lui seul que s'appliqueront en thèse générale les faits que nous aurons à voir et dont nous avons à établir la réglementation.

Nous aurons plus d'une fois l'occasion de constater l'utilité de cette définition, car les droits et obligations réciproques de l'aubergiste et de celui qu'il reçoit sont sensiblement différents, selon que ce dernier doit être ou non considéré comme un véritable voyageur, dans le sens que nous indiquons.

A quels signes d'autre part reconnaîtrons nous l'hôtelier ou aubergiste ? La définition générale et que l'on trouve partout est la suivante : c'est celui qui fait profession de recevoir, loger et nourrir les voyageurs. Elle est bien suffisante pour donner une notion assez exacte de l'être juridique que nous examinerons. Mais remarquons immédiatement qu'elle serait assez large, si on se bornait à désigner l'hôtelier comme celui qui fait profession de loger les voyageurs, d'abord, parce que pour les loger il les reçoit, en second, parce que la nourriture, qu'il peut leur fournir à l'occasion de leur passage dans sa maison, n'est point l'objectif direct poursuivi par eux, mais bien comme nous l'avons déjà fait pressentir plus haut, l'abri, le logement. L'idée qui caractérise l'aubergiste moderne est donc en résumé la même qu'en droit romain et dans notre ancien droit. Pour nous le tenancier d'une maison où on ne donnerait que la nourriture ne serait pas un hôtelier ou un aubergiste.

La question n'est cependant point résolue par tous de la même façon : elle dépend d'ailleurs très souvent des circonstances de fait. Nombre d'auteurs et d'arrêts désignent sous le titre d'aubergiste, celui qui fait profession de donner, moyennant une rétribution le logement ou la nourriture ; c'est-à-dire, que dans cette opinion, celui qui donne à manger aux passants sans les loger exerce la profession que nous examinons. Comment expliquer cette idée ? Elle vient de ce que les aubergistes ou hôteliers, primitivement simples logeurs, se sont accoutumés à joindre à leur exploitation hospitalière le commerce des aliments, qui d'ailleurs s'en rapproche tout naturellement. Il leur est arrivé ensuite de fournir simplement ces aliments, sans l'abri, à des passagers qui trouvaient chez eux à se restaurer, et la qualité première masquant la seconde, on les a considérés, même lorsqu'il ne font que le simple métier de restaurateur, comme étant toujours des aubergistes. Il faut cependant s'entendre :

nous verrons que de l'avis général, même des partisans de l'opinion actuellement examinée, les restaurateurs qui se bornent à fournir des aliments aux passants, contre rétribution, ne sont pas soumis à de nombreux égards aux mêmes règles que les hôteliers et les aubergistes. Pourquoi alors vouloir les confondre, et comment les distinguer, si ce n'est par ce fait que les derniers sont avant tout et uniquement des logeurs ? En bonne logique, lorsque l'aubergiste entre en rapports avec un passant consommateur qui lui demande seulement argent comptant des aliments, il doit être considéré, non plus comme exerçant sa profession habituelle, mais comme un fournisseur de nourriture, un restaurateur, et être soumis, de ce chef, aux règles de cette deuxième profession. Rien ne s'oppose, même pratiquement, à opérer cette scission entre les deux ordres de faits, et la plupart des solutions contraires sont plutôt inspirées par l'habitude que par une idée juridique sérieuse.

Remarquons, en terminant, que si l'on admet l'opinion qui considère l'aubergiste comme un simple fournisseur d'aliments, la notion du voyageur exposée plus haut se modifie par contre-coup. Ce n'est plus seulement celui qui descend chez autrui pour y loger, mais encore celui qui y vient simplement pour s'y nourrir. Il y aura encore à cet égard des confusions avec le consommateur passager, qui s'attable au premier restaurant venu pour y dîner, ou celui qui vient, d'une façon régulière, prendre ses repas, dans une maison où l'on fait profession pure et simple de nourrir des pensionnaires ; sans méconnaitre qu'en pratique, la distinction a été très souvent et très intelligemment faite, il n'y en a pas moins là un germe de confusion et d'erreur, qu'il serait préférable, à notre avis de faire disparaitre.

CHAPITRE PREMIER

NATURE DES DIVERS RAPPORTS POSSIBLES
ENTRE AUBERGISTES & VOYAGEURS

Section Première

RAPPORTS PRÉLIMINAIRES

Sous cette rubrique des rapports préliminaires entre aubergistes et voyageurs, notre intention est de traiter rapidement des quelques obligations extérieures, si l'on peut dire, des hôteliers ; obligations qui sont édictées par les règlements généraux et locaux, dans l'intérêt particulier du voyageur, autant que pour le maintien du bon ordre et la sécurité générale.

Ces obligations donnent en quelque sorte des droits correspondants au voyageur, dès avant son entrée dans l'hôtel. En outre, le voyageur est lui-même tenu de se soumettre aux règlements pour certaines formalités préparatoires, pour ainsi dire, à son admission dans l'auberge ; ce qui donne en sens inverse à l'aubergiste des droits corrélatifs. C'est à cause de l'intervention de ces divers rapports, au moment même de l'entrée à l'hôtel, ou même avant elle, que nous les avons qualifiés de préliminaires.

La profession d'aubergiste est en principe libre comme toutes les industries et constitue un commerce ordinaire. Il en résulte qu'elle est ouverte à tout le monde et peut être exercée par n'importe qui. Remarquons même que la loi du 17 juillet 1880 qui interdit à certaines catégories de gens, notamment à ceux qui ont été condamnés pénalement, la tenue des cafés, cabarets et débits de boissons, ne s'applique pas ici. C'est un peu en vertu de la même idée, que la jurisprudence a considéré comme illégal et non obligatoire un arrêté municipal interdisant aux filles publiques l'exercice du commerce d'auberge (1). Cependant, étant donné qu'en l'état actuel, il y a nombre d'auberges ou hôtels qui comprennent à la fois un café ou un débit de boissons, il arrivera souvent que la loi du 17 juillet 1880 s'appliquera. Mais, si l'on pourra contraindre le tenancier à fermer son café, on ne saura le forcer à abandonner son auberge. L'intérêt de cet examen sur la liberté de la profession d'aubergiste est assez mince. Il faut supposer que le voyageur, se trouvant en difficultés avec celui chez lequel il est descendu, ait l'idée originale de lui opposer qu'il n'a

(1) Cass. 1ᵉʳ octobre 1847. — *Gazette des Tribunaux*, 2 octobre 1847.

pu traiter avec lui comme aubergiste, puisqu'il ne peut pas l'être, mais avec un particulier sans qualité spéciale, ce qui peut avoir d'importants résultats au point de vue de la preuve et de la compétence. Ce moyen de procédure, applicable en présence d'un cafetier ou d'un d'un cabaretier qui exerce sans droit sa profession, ne saurait être admis contre l'hôtelier. Il n'y a donc, *a priori,* du chef même de la profession exercée par l'aubergiste, aucune obligation, résultant des qualités nécesssaires pour l'exercer, qui puisse donner lieu à des droits quelconques, pour le voyageur entrant en relations avec lui.

Mais cette observation n'est exacte que d'une façon générale. Il y a des exceptions à la liberté de tenir auberge. C'est ainsi qu'aux termes du décret du 14 juin 1813, portant réglement sur l'organisation et le service des huissiers, il est interdit à ces officiers ministériels de tenir auberge. même sous le nom de leur femme, à moins d'une autorisation spéciale du Garde des Sceaux (1).

Il en est de même, malgré l'absence de texte spécial, de tous autres officiers ministériels : leur profession monopolisée comportant l'interdiction de se livrer à tout commerce.

Dans un ordre d'idées analogue, une jurisprudence assez récente vient de décider que les Compagnies de chemin de fer, investies d'un monopole, n'avaient le droit d'exploiter un hôtel dans leurs gares, que limitati-

---

(1) Cass. 26 septembre 1834. *Bull. cass. crim.* n° 93.

vement pour l'usage des voyageurs qui veulent se reposer au cours d'un voyage. On avait soutenu que le caractère de monopole, qui préside à l'exploitation des chemins de fer, empêchait les Compagnies de se livrer au commerce d'hôtellerie. La Cour de cassation, saisie de la question, l'a tranchée en ce sens, en mitigeant toutefois sa décision par cette idée : que les Compagnies ont le droit d'apporter, sous la surveillance de l'administration, toutes les améliorations possibles dans les services qui leur sont confiés (1).

L'intérêt que nous exposions plus haut pourrait donc se rencontrer dans ces cas exceptionnels.

Quoique les auberges ou hôtels ne soient pas en principe soumis au régime légal des cafés et débits de boissons, et notamment à la déclaration préalable à l'établissement de l'exploitation, quinze jours avant son ouverture (article 2, loi du 17 juillet 1880), il est d'usage incontesté qu'une déclaration préalable doit avoir lieu lors de l'ouverture d'une auberge, en vertu des règlements municipaux, à peu près identiques partout (2). Cette déclaration n'a rien de commun avec la nécessité d'une autorisation spéciale pour tenir auberge, que nous avons trouvée dans l'ancien droit français, et son défaut n'aurait aucun effet sur la qualité même d'aubergiste pour le tenancier de l'établissement non déclaré : il n'aurait pas, notamment, pour résultat de

(1) Cass., 19 déc. 1882, DALLOZ 83, 1, 57.

(2) Cet usage a même été l'objet d'une ordonnance du 15 juin 1832 pour Paris et le département de la Seine et d'une ordonnance du 25 octobre 1883 pour les logeurs en garni.

mettre en jeu le moyen de procédure précédemment indiqué.

Parmi les obligations réglementaires qui pèsent le plus généralement sur les aubergistes, il faut signaler tout d'abord celles d'indiquer par une enseigne apparente la destination de leur maison et d'éclairer celle-ci extérieurement. Elles dépendent surtout des réglementations municipales ; si celles-ci n'existent pas, l'aubergiste est libre d'agir à l'égard de l'enseigne et de l'éclairage comme il l'entend. Quand ces obligations existent, ont-elles un intérêt au point de vue des rapports de l'hôtelier avec les voyageurs, qui voudraient descendre ou seraient descendus dans son hôtel ? Il est certain que, de prime abord, l'annonce extérieure au moyen de l'enseigne et de la lumière, qu'une maison est une auberge, est une sorte d'invitation à y entrer pour le voyageur, une pollicitation dont il a le droit de profiter : ce qui conduirait à conclure que l'aubergiste, ayant enseigne et éclairage, serait contraint d'accueillir le voyageur qui se présente chez lui pour y loger sur la foi des signes extérieurs de la maison. C'était, l'on s'en souvient, ce qui avait lieu dans notre ancien droit. La doctrine et la jurisprudence modernes ont au contraire fait prévaloir la théorie opposée. La question d'enseigne et d'éclairage ne semble, au reste, ne les avoir jamais occupées. Elles la considéraient, probablement, moins comme une pollicitation proprement dite, que comme un droit tenant à la liberté de l'industrie, droit à la publicité, qui n'a d'autre obligation corrélative que de respecter les mœurs et l'ordre public, mais ne crée pas d'obligation spéciale vis-à-vis d'une catégorie déterminée de personnes. Il y aurait là cependant une notion juridique à approfondir dont, à notre avis, on n'a pu jusqu'ici tenir assez compte. Il est bon de remarquer toutefois, notamment au point de vue jurisprudentiel, que la question s'est posée le plus souvent, non pas sur le terrain contractuel, mais bien délictuel. Il ne s'agissait pas d'un voyageur qui, prétendant à une pollicitation de l'hôtelier dans les signes extérieurs de son commerce, déclarait l'accepter et en réclamait l'exécution devant le refus de l'aubergiste, mais d'un hôtelier poursuivi par le ministère public pour avoir omis de se conformer aux règlements de police sur l'enseigne et l'éclairage.

En faveur de la liberté pour l'aubergiste de ne pas accueillir le voyageur, on argue de sa lourde responsabilité et de la sécurité qu'il doit à ses hôtes. On ajoute, au surplus, que rien dans la loi ne laisse place à l'interprétation contraire. Les édits du XVIe siècle, qui contraignaient les hôteliers à ne pas abandonner leurs auberges et paraissaient considérer ces établissements comme d'utilité publique, n'existent plus, et rien ne permet leur maintien ; car, si les auberges sont utiles, leur fermeture ne saurait constituer un danger public, et l'intérêt général trouve de nos jours une protection suffisante dans la concurrence qui multiplie les auberges et dans leur réglementation. Pourquoi, du moment où il n'y a pas de caractère d'utilité publique à invoquer, l'aubergiste ne serait-il pas libre de son domicile comme un simple particulier et n'aurait-il pas le droit d'en refuser l'entrée à qui lui plait. Quoique contestée, cette théorie a fini par prévaloir et le ministère public serait désormais mal fondé à poursuivre l'hôtelier qui aurait refusé l'accès de son hôtel à un voyageur : on ne voit pas d'ailleurs le délit.

Mais, à notre sens, le point de vue civil reste intact : Y a-t-il ou n'y a-t-il pas pollicitation de la part de l'aubergiste ? On peut soutenir qu'il y a véritablement une offre de l'aubergiste dans l'éclairage et l'enseigne de son établissement. L'hôtelier, en effet, est avant tout un commerçant, c'est-à-dire un individu qui fai profession de conclure des contrats avec des tiers relativement à l'objet de son négoce. Or, il est bien certain que cette profession ne pourra être utilement exercée par lui, que s'il se fait connaitre comme l'exerçant, comme disposé à passer avec le public les contrats qu'elle comporte. N'y a-t-il là qu'une question de publicité ? Or, au contraire, cette publicité n'entraine-t-elle pas par elle-même une offre de contrat permanent, qu'il suffit d'accepter pour que la convention s'opère par la rencontre, le concours des volontés ? A première vue, la réponse affirmative vient naturellement à l'esprit.

L'aubergiste est un individu qui offre au voyageur un contrat de logement, qu'il suffit à celui-ci d'accepter pour le lier : il y a une pollicitation. Mais quelle est la nature de cette pollicitation, et suffit-elle seule, pour que l'acceptation du voyageur crée le contrat d'auberge ? Ici la question est beaucoup plus douteuse. Ce qu'offre l'hôtelier, c'est un abri, à certaines conditions. La pollicitation de l'enseigne n'est pas complète ; elle n'est que l'indication d'un contrat possible, mais dont les éléments sont, *a priori*, non fixés et qu'il faudra fixer, pour parfaire l'accord des volontés. Que signifie, en effet, pour le passant, l'inscription sur une maison : Pierre hôtelier ou Hôtel tenu par Pierre ? Qu'il a sous la main un individu avec lequel il pourra passer un contrat d'auberge, mais un contrat dont les éléments ne lui sont pas révélés par cette inscription. Quel abri Pierre lui donnera-t-il ? A quel prix ? Rien de cela n'est indiqué, et on ne saurait soutenir qu'il puisse y avoir là une offre de contrat, car un contrat suppose un objet déterminé sur lequel porte l'offre et un prix, ce que nous ne trouvons pas. Il faut en conclure, que l'apparente pollicitation de l'enseigne est insuffisante pour forcer l'aubergiste à accueillir le voyageur, parce que celui-ci déclare accepter l'offre de contrat. Il y a une offre de discuter les éléments d'un contrat et de s'accorder sur eux ; il n'y a pas offre de contrat proprement dite. La différence saute aux yeux lorsqu'on envisage les hypothèses de pollicitation généralement présentées ; ce sont celles de commerçants qui, par circulaires, affiches ou prospectus annoncent les prix et conditions de leur négoce ; ainsi un entrepreneur de transports annonce qu'il transportera des marchandises déterminées de tel lieu à tel autre, à tel prix, selon le poids ; un boutiquier met à l'étalage une marchandise avec un prix indiqué. Supposez au contraire que l'entrepreneur de transports se borne à faire connaître qu'il exerce cette profession, que le marchand mette à l'étalage des objets sans en indiquer le prix ; jamais on ne s'est avisé de soutenir qu'il y a là une véritable offre de contrat, dont l'acceptation lierait le voiturier ou le boutiquier. Il en est de même de notre aubergiste, qui se borne à faire connaître, qu'il exerce sa profession par voie d'enseigne et d'éclairage.

Mais l'exposé, que nous venons de faire, nous entraîne à conclure qu'il en sera tout autrement de l'hôtelier ou aubergiste qui aura, par sa publicité, indiqué les conditions du contrat d'auberge dans son établissement ; alors, il y aura une véritable offre de contrat, à éléments déterminés, et l'acceptation du voyageur liera le tenancier de l'auberge. Tel serait le cas de ce dernier, si son enseigne porte qu'il loue des logements à un prix fixe, pour telle période de temps, ou s'il fait distribuer des prospectus portant les mêmes indications. Cette fois, il nous paraît bien, qu'il serait contraint de recevoir le voyageur qui déclare accepter clauses et conditions du contrat, telles qu'elles sont annoncées, ou s'il refuse à lui payer des dommages-intérêts.

Notons en passant, que si l'aubergiste est, en vertu d'une jurisprudence établie, libre de ne pas recevoir qui il veut, il est en revanche contraint, dans certains cas, de ne pas recevoir certaines catégories de personnes, tels que les vagabonds, mendiants, gens sans aveu, filles publiques. Cette obligation dérive de la seule réglementation municipale ; l'entrée en rapports de l'aubergiste avec ces personnes dans le cas d'arrêté le lui interdisant, entraînerait pour lui une poursuite

pénale ; mais sa situation n'en subirait aucune modification au point de vue civil. Spécialement les gens
ainsi reçus par l'aubergiste devraient être considérés
comme les voyageurs, jouissant des mêmes droits et
grevés des mêmes obligations que tous autres. L'aubergiste ne serait pas en droit d'arguer contre eux de leur
état social, pour se soustraire à ses devoirs à leur
égard.

Les auberges étant considérées comme des lieux
publics (1), les aubergistes sont soumis aux règles
qui concernent ces sortes de lieux et notamment à la
surveillance de la police. Ce droit de surveillance
appartient au maire de la commune (art. 97, loi 5 avril
1884). Il en résulte que l'aubergiste doit laisser pénétrer le maire, et en général la police, qu'il délègue
généralemeut pour cet office, et que corrélativement,
le voyageur doit subir, sans droit de protestation ni de
réclamation, les dérangements ou ennuis que peuvent
causer ces visites. Son entrée dans l'auberge crée pour
lui l'obligation de les supporter sans observation et
même au besoin de s'y prêter. Il n'y a même pas
d'exagération à penser, que si un voyageur d'une
auberge s'opposait à la mission de la police dans cette
occurence, il serait susceptible de poursuites correc-
tionnelles. Parmi les mesures de surveillance et de
police que peuvent surtout prendre les maires, il y a
la fixation de l'ouverture et de la fermeture des
auberges. Ici donc, l'aubergiste est obligé de clore son

(1) Voir not. Cass. 2 fév. 1861. Sirey, 62.1.217 et Cass. 29 déc. 1865,
Sirey, 66.1.272.

auberge à l'heure indiquée par les règlements, à peine de contravention, et le voyageur attardé exigerait en vain qu'il ouvre sa maison pour le recevoir, sans compter, comme nous l'avons exposé plus haut, qu'il est libre de ne pas l'admettre dans son hôtel. Que décider cependant, s'il s'agit d'un voyageur descendu dans l'hôtel pour un certain temps et qui, un jour, rentre en retard ? Il semble bien que, dans ce cas, l'aubergiste pourra et devra même recevoir son client, sans crainte, car il ne tient pas par ce fait son hôtel ouvert, puisqu'il n'y passe pas à ce moment de contrat d'auberge. Il agit, comme le simple particulier, qui ouvre sa porte à un ami descendant chez lui, et qui peut le faire quand il veut. On ne saurait contraindre l'hôtelier à remettre à tous ses hôtes une clef de la porte de l'hôtel (1). Le voyageur attardé est donc en droit, dans ce cas, d'exiger qu'on lui ouvre l'hôtel pour pouvoir rentrer chez lui, et il pourrait poursuivre à juste titre l'hôtelier qui lui refuserait l'entrée, en invoquant les règlements de police sur l'heure de fermeture.

Cependant, il faut remarquer que dans nombre de villes, il n'y a de réglementation qu'au sujet de la fermeture des cafés, cabarets et débits de boissons. Il est généralement admis que cette réglementation ne doit pas être étendue aux auberges, si rien de spécial n'a été décidé à leur égard. On pourrait citer de nombreux arrêts de la Chambre Criminelle de la Cour de

(1) Cass. Crim. 17 nov. 1855. DALLOZ, 55.5.41 et 4 juill. 1861. DALLOZ, 61.5.39.

Cassation, en ce sens, rejetant la contravention relevée contre l'aubergiste dans ce cas. Il s'ensuit, que d'abord dans les villes, où la fermeture des auberges n'est pas réglementée, les aubergistes sont libres de tenir leur maison ouverte la nuit, et d'y recevoir les voyageurs sans crainte de poursuites pénales : mais les voyageurs seuls peuvent profiter de cette latitude. La liberté n'existe ici que dans les rapports d'hôteliers à voyageurs. Elle ne va pas toutefois, pour les raisons déjà données, jusqu'à contraindre l'un à recevoir l'autre. Elle ne crée aucun droit d'entrée pour le voyageur, si l'on admet toutefois, que l'enseigne et l'éclairage ne constituent pas une pollicitation de l'aubergiste, qu'il ne pourrait retirer une fois acceptée. Il n'est pas inutile, au point de vue de la définition précédente donnée du voyageur, de s'arrêter un peu sur les décisions intervenues dans l'hypothèse où nous sommes placés en ce moment. Tout d'abord, il a été décidé sans discussion, que les arrêtés sur l'heure de fermeture des cafés et cabarets ne sont pas applicables aux hôteliers pour les voyageurs logés dans l'établissement (1). Le voyageur ici est donc celui qui est à l'auberge pour y loger. Lorsqu'il s'est agi d'appliquer ou non la règle aux passagers, qui n'entrent dans l'auberge que pour y manger et y prendre un repos momentané, la qualification de voyageur à donner à ces personnes a soulevé des difficultés et des discussions, et la jurisprudence est restée divisée. Toutefois,

(1) Cass. crim., 8 janvier 1857. DALLOZ. 57.1.78. — Cass. crim., 2 mars 1866. DALLOZ. 66.5.118. — Cass. crim., 19 avril 1873. DALLOZ. 73.1.172.

si l'on examine d'assez près la Jurisprudence de la
Cour suprême, on remarque que lorsqu'elle a écarté
l'application des règlements, pour des personnes non
logées à l'auberge, il s'agissait le plus souvent pour
l'hôtelier d'un acte de quasi-humanité, de passagers
étrangers à la commune, venant de la ville voisine, et
qui ont besoin de se restaurer et faire reposer leurs
attelages (1). D'anciens arrêts avaient déjà décidé que
les peines de police, pour ouverture de l'auberge la
nuit, doivent être écartées quand il s'agit de gens reçus
par nécessité (2). Dans toutes les autres espèces, la
Cour suprême n'a pas considéré comme voyageur le
passager qui ne loge pas dans l'auberge, et a considéré
l'aubergiste qui le recevait comme passible de la
contravention. Les arrêts sont trop nombreux pour les
citer tous ; signalons celui du 4 février 1864, qui
frappe l'hôtelier qui a reçu, après l'heure de fermeture
des débits, des habitants de la localité (3); des 10 février
1872, 27 février 1875, qui étendent cette prohibition
aux voyageurs de passage et ne logeant pas (4) ; des
19 juin 1868 et 16 janvier 1875 qui font application de
cette règle à l'hôtelier pour avoir traité nuitamment
ses proches parents (5).

(1) Cass. crim., 26 février 1857. DALLOZ. 57.1.110. — Cass. crim.,
17 février et 9 janvier 1859. DALLOZ. 59.1.384. — Cass. crim., 5 juin
1862. DALLOZ. 62.5.34. — Cass. crim., 12 décembre 1862. DALLOZ.
63.5.43.

(2) Cass. crim., 4 mars 1845. *Journal dr. crim.* — Cass. crim.,
26 mars 1846. *Journal dr. crim.*

(3) DALLOZ, 65. I. 32,

(4) DALLOZ, 72. I. 283 et 75. 1. 396.

(5) DALLOZ, 69. 5. 111 et 75. 1. 396.

En résumé, cette jurisprudence loin de contredire notre définition du voyageur, ne fait dans l'ensemble que la confirmer, et il était à cet égard intéressant de l'examiner. Elle confirme aussi, dans une large mesure, notre définition de l'aubergiste.

Une des formalités administratives imposées aux hôteliers aubergistes, qui rentre dans les mesures de surveillance à l'égard de leurs établissements, est l'obligation de tenir des registres sur lesquels doivent être inscrits régulièrement les noms, qualité et domicile de toute personne qui couche ou passe la nuit dans l'auberge. Cette obligation très ancienne, puisqu'elle semble déjà exister, suivant l'interprétation générale, dans notre ancien droit, avait été édictée par la loi du 22 juillet 1791, article 5. Elle a été confirmée par l'article 475, 2° du Code pénal qui punit d'une amende de 6 à 10 francs, l'absence de tenue ou la mauvaise tenue de registre pour les aubergistes et logeurs. Ce même article 475, 2° contraint les hôteliers à représenter le registre aux époques réglementaires, ou même sur simple réquisition des magistrats compétents. Notons qu'ici encore, d'après une jurisprudence aussi constante que compacte, cette obligation ne pèse que sur les aubergistes, pris au sens de logeurs de profession, et nullement sur ceux qui ne fournissent que de la nourriture. Quelle est la conséquence de cette obligation de l'hôtelier au point de vue qui nous intéresse, de ses rapports avec le voyageur qui veut entrer dans un établissement ? Il est certain d'abord que l'obligation de l'hôtelier crée pour le voyageur la charge de se soumettre à la nécessité de déclarer, en pénétrant dans la maison, ses noms, qualités et domicile. S'il n'y consent pas, le tenancier de l'auberge est en droit de lui refuser l'entrée de sa maison. Cette solution qui, nous le rappelons, paraît discutable dans notre ancien droit, ne saurait l'être de nos jours où l'hôtelier est considéré comme libre de ne pas recevoir un voyageur si cela lui convient, même, si ce dernier était disposé à se plier à toutes les exigences administratives. A plus forte raison le peut-il, si le voyageur refuse ses noms et qualités pour l'inscription au registre de l'hôtel.

Mais que décider si, ce qui arrive quelquefois, le voyageur a donné à l'hôtelier de faux noms et qualités? En ce qui touche les rapports des deux parties, ce fait ne peut sûrement pas avoir de résultats, car cette fausse déclaration ne nuit pas en principe à l'aubergiste qui peut remplir son obligation relative à la tenue du registre, et le voyageur de son côté satisfait à la sienne qui consiste à donner des noms et qualités que l'on puisse inscrire. Le contrat d'auberge, dont cette formalité est un des préliminaires, pourra se lier sans difficultés. Il y a lieu cependant de faire des réserves à ce sujet. Si l'hôtelier, de bonne foi, lors de la déclaration du voyageur, s'aperçoit ensuite du mensonge de celui-ci, n'est-il pas en droit de rompre les rapports commencés et de contraindre le voyageur à quitter son établissement, même si celui-ci exécutait exactement son obligation, telle que le paiement du prix convenu pour son logement? L'affirmation nous semble s'imposer. En effet, l'hôtelier est alors à peu près dans

la même situation que s'il avait affaire à une personne
qui voudrait pénétrer dans son établissement, sans
décliner ses noms et qualités. Il peut ne plus la recevoir, comme il aurait pu le faire, si le fait s'était
présenté, *ab initio*. D'autre part, il serait alors évidemment coupable de mauvaise tenue de son registre,
puisqu'il sait que la mention qui s'y trouve est inexacte,
et que rien ne peut l'obliger à encourir pour le voyageur
malhonnête une contravention qu'il évitera en le
mettant à la porte. Remarquons, et c'est ici la solution
d'une autre hypothèse, que l'aubergiste est en outre
passible d'une peine correctionnelle. On peut, en effet,
l'assimiler à l'hôtelier, qui sciemment, a inscrit sous
un faux nom, ou sous un nom supposé, la personne
descendue chez lui, délit visé par l'article 154 du Code
pénal. Notre aubergiste ne saurait être forcé de
s'exposer à l'emprisonnement pour le mensonge de
son hôte. Nous voyons, en cours de cette argumentation, apparaître un autre cas dans lequel la question
du registre va influer sur les rapports de l'aubergiste
et du voyageur. C'est celui, où sciemment, le premier
a reçu le second, soit en l'inscrivant sous un faux nom
ou un nom supposé, soit en omettant de l'inscrire, de
connivence avec lui, pour ne pas laisser de traces de
son passage. Il va s'ensuivre pour l'aubergiste d'abord,
deux conséquences de nature différente. En premier
lieu, une responsabilité pénale qui le rend passible de
six jours à trois mois de prison (article 154, Code
pénal) ; en second lieu, une responsabilité civile
spéciale, sur laquelle nous reviendrons plus tard,

lorsque le voyageur en question a commis pendant son séjour, si celui-ci est supérieur à vingt-quatre heures, un crime ou un délit (article 73, Code pénal). L'hôtelier de mauvaise foi est donc sévèrement frappé. Quant au voyageur, si sa déclaration mensongère n'a pas de but malhonnête, comme par exemple de se cacher au moment où il va commettre un crime ou un délit, il semble bien complètement indemne, la loi pénale ne le frappe pas tout au moins. Cependant, il est certain que notamment, dans le cas où l'hôtelier était de bonne foi, ce fait peut lui causer un dommage, et son auteur serait responsable vis-à-vis de lui suivant les principes généraux (article 1.382, Code civil). Non seulement donc, l'aubergiste peut l'expulser pour éviter les poursuites pénales, mais encore lui réclamer des dommages et intérêts, pour le tort que sa présence sous un faux nom, a pu lui causer dans son commerce.

En résumé, il nait de cette nécessité de tenue du registre et d'inscription à ce registre, pour l'aubergiste et le voyageur, des rapports dont la sanction principale est la mise en jeu de la responsabilité de l'un ou de l'autre, dans les cas que nous avons déterminés. Observons sur ce point, que la bonne foi de l'aubergiste le garantit complètement de toute responsabilité spéciale, mais qu'elle a besoin d'être démontrée, notamment par ce fait, qu'il aura pris les précautions convenables pour se renseigner sur le compte du voyageur qui se présente chez lui. Ainsi, s'il s'est assuré que les bagages de ce dernier portaient bien le nom qui lui a été déclaré, s'il s'est fait montrer par lui des preuves d'identité, en apparence indiscutables, comme un livret de travail, un passe-port, une carte d'électeur, voire une simple carte de visite.

Tels sont les divers rapports préliminaires qui peuvent naître entre l'hôtelier et le voyageur, avant l'entrée de celui-ci dans l'hôtel, ou au moment de cette entrée. Ce sont à coup sûr les moins nets et les moins fréquents. Les relations juridiques sérieuses et générales qui se présentent entre les tenanciers d'auberge et leurs hôtes, apparaissent seulement, dès qu'ils en ont franchi le seuil, et lié avec l'hôtelier ce que, sous une détermination globale, on appelle le contrat d'auberge ou d'hôtellerie ; contrat d'ensemble, qui comprend plusieurs éléments et dont nous allons maintenant nous occuper.

SECTION II

DES RAPPORTS JURIDIQUES GÉNÉRAUX
ENTRE AUBERGISTE ET VOYAGEUR
LE CONTRAT D'HOTELLERIE

Supposons le voyageur entré dans l'hôtellerie, où il veut loger, et ayant rempli les quelques obligations préliminaires qui lui sont imposées à cette occasion. Il s'adresse au maître de l'établissement ou à son représentant, et lui demande diverses choses : d'abord de le loger, de lui donner un abri, parfois, mais pas nécessairement, de lui fournir la nourriture ; en général, de lui prêter ses services et ceux des siens, pour les soins dont il aura besoin durant son séjour. Il le prie également, de recevoir les objets qu'il apporte avec lui, vêtements, bagages, de quelque nature que ce soit, et les confie à sa garde. Enfin, il lui déclare, qu'il fixe pour le moment sa résidence chez lui, et l'invite à recevoir et à lui remettre ce qui pourrait parvenir à son adresse dans l'établissement. L'hôtelier acquiesce à ces diverses demandes, mais réclame pour rémunération de son office à cet égard, une somme déterminée payable à des conditions qu'il indique : le voyageur accepte. L'accord est dès lors parfait, et il y a entre nos deux personnages, un lien obligatoire, sous la forme d'un contrat d'ensemble, que nous dénommerons pour la facilité du langage, contrat d'auberge ou d'hôtellerie.

Si nous l'analysons, nous voyons d'abord une demande de logement, soit une location par le voyageur à l'hôtelier d'une portion de son établissement pour s'y abriter. De ce côté, nous sommes en présence d'un contrat de bail à loyer. Nous constatons ensuite une sollicitation de services de l'aubergiste et de son personnel pour les besoins du voyageur ; il y a alors un contrat de louage de services entre nos deux personnages. Si nous passons à la remise en garde des effets et bagages par le voyageur à son co-contranctant qui s'en charge, c'est un contrat de dépôt qui intervient entre eux.

Tels sont les principaux liens obligatoires de la convention d'hôtellerie. Quoique de nature très diverse, ces éléments sont indivisibles. Tous sont compris dans un seul et même prix et interviennent à l'occasion du contrat d'auberge.

En raison de l'indivisibilité et de la diversité même de ses éléments, la convention globale d'hôtellerie nous apparaît comme un contrat spécial *sui generis* auquel nous aurons à appliquer les règles générales du droit, et plus spécialement, suivant les circonstances de fait, celles du bail à loyer, du louage de services ou du dépôt.

CHAPITRE II

FORMATION ET CONDITIONS DE VALIDITÉ DU CONTRAT D'HOTELLERIE

§ Ier. — FORMATION ET CONDITIONS DE VALIDITÉ.

Pour que le contrat d'hôtellerie puisse se lier valablement entre les parties, hôtelier et voyageur, il faut, comme dans toute convention, d'abord un échange valable des consentements de part et d'autre ; une chose ensuite qui puisse faire l'objet de la convention ; enfin, un prix. Lorsque ces trois conditions sont réunies en principe, le contrat est formé et son existence certaine ; mais il n'en est pas de même de sa validité. Il est nécessaire pour cela qu'il soit intervenu entre personnes capables de le passer.

L'objet du contrat d'auberge ne saurait nous retenir longtemps. Aux termes des articles 1128 et 1129 du Code civil, il lui suffit d'être 1° possible ; 2° déterminé ; 3° non contraire aux bonnes mœurs.

L'impossibilité résulterait du fait que l'objet du contrat serait hors du commerce. Ce cas, en notre matière, n'est pas vraisemblable.

On peut songer à l'hypothèse où l'aubergiste occuperait sans droit la chose d'autrui et l'utiliserait pour l'exercice de sa profession.

Dans ce cas, le contrat d'hôtellerie peut-il se former, eu égard à la qualité de la chose qui fait l'objet du contrat.

Il est généralement admis, que le bail de la chose d'autrui, consenti sans droit, par un prétendu bailleur, n'est pas valable et qu'il y a simplement de sa part une obligation de faire, dont l'inexécution se résoudra en dommages et intérêts pour l'autre partie. Telle était l'opinion de Pothier dans l'ancien droit qui a été reprise et suivie par nombre d'auteurs modernes (1). On en a conclu à juste titre que le véritable propriétaire ne peut jamais être tenu de respecter l'acte à caractère de bail intervenu.

Cependant, la Jurisprudence admet une exception au profit du preneur de bonne foi, dans le cas où il a traité avec l'héritier apparent du propriétaire de l'immeuble, abstraction faite d'ailleurs du titre et de la bonne ou mauvaise foi dudit héritier apparent (2).

---

(1) Merlin. Rep. Vᵉ Bail. § 3. p. 550, n° 7. — Duranton, t. XVII, n° 26. — Troplong, t. I, n° 98. — Duvergier, t. V, n° 82. — Aubry et Rau, t. IV, § 369 et note 12. — Laurent, t. XXV, n° 57.

(2) Cass. 11. Frimaire an IX. Sirey chronologique; Bourges, 24 mai 1823; Sirey chronologique; Cass. Belge. 7 janvier 1842. Pasicrisie Belge 1847. I. 313. Dalloz. 47, 2, 30.

Elle invoque en faveur de sa théorie, les articles 1240 et 790 du Code civil et la nécessité pour toute succession d'être administrée.

En appliquant cette théorie générale à notre espèce, il en résulterait, que le contrat d'hôtellerie, passé par un aubergiste, occupant sans droit l'auberge et ses accessoires, ne serait pas valable, sauf dans le cas, où il aurait traité comme héritier apparent du propriétaire. Le voyageur, qui aurait traité avec lui, pourra dans ce cas, selon la jurisprudence, maintenir vis-à-vis du propriétaire véritable qui le voudrait expulser, son droit de rester à l'auberge, pour le temps convenu, entre lui et l'occupant.

Notons au point de vue de la chose qu'elle doit exister au moment du contrat. La destruction accidentelle d'une auberge est possible.

Un voyageur, désireux de se ménager un abri à son passage dans une ville, a pu écrire à un aubergiste de la localité, pour lui demander une chambre à une date déterminée.

L'aubergiste accepte et l'écrit au voyageur.

Le contrat d'hôtellerie existe-t-il, si par exemple, à l'arrivée du voyageur, l'hôtel avait été détruit par un cas fortuit?

Le contrat existe sûrement, si l'évènement s'est produit après la réception de l'acceptation de l'aubergiste par le voyageur ; car alors, la chose existait encore au moment du contrat, c'est-à-dire de l'échange des volontés. Il en serait autrement, à notre avis, et le bail n'existera pas, si l'hôtel a été détruit immédiatement après le départ de la lettre de l'aubergiste, mais avant sa réception par le voyageur. Le contrat n'était pas achevé, et la chose a péri avant sa confection.

Cette théorie serait fausse pour ceux qui admettent que le contrat passé par correspondance est parfait dès que les deux parties ont manifesté leur consentement, c'est-à-dire, dès que celui, qui a reçu l'offre de l'autre, lui a écrit et mis sa lettre à la poste, quand même elle ne serait pas encore arrivée à destination.

On peut se demander si l'incendie est toujours un cas fortuit libérant l'aubergiste de son obligation.

Nous ne le croyons pas.

L'aubergiste, est aux termes de l'article 1302 du Code civil, débiteur d'un corps certain. Comme tel, la loi le présume en faute et le rend responsable de la perte de la chose due, à moins qu'il ne prouve qu'aucun fait d'imprudence ou de négligence ne lui est imputable, et que dans l'espèce, l'incendie est le résultat d'un cas fortuit ou de force majeure (1).

La chose objet du contrat doit être déterminée.

La convention d'hôtellerie n'existera-t-elle donc qu'après la désignation mathématique d'une pièce au voyageur ? Evidemment non. Il suffit que la pièce qui lui est destinée existe et soit habitable.

Enfin, une dernière condition, pour que le contrat d'auberge soit comme tout autre valable ; en ce qui touche la chose : c'est que la jouissance de celle-ci ait un but honnête et qui ne soit pas contraire aux bonnes

(1) Toulouse, 15 mai 1875. SIREY, 37.2.357.

mœurs. En un mot, que le contrat n'ait pas un objet illicite ou immoral. Les hypothèses sont assez délicates à imaginer; la plus simple est celle où le voyageur serait descendu à l'auberge pour y commettre un délit ou un crime. Il y en aurait d'autres, en ce qui touche les bonnes mœurs, mais qui sont fort scabreuses et toutes d'appréciation.

Passons à la condition d'un prix nécessaire, pour la validité du contrat d'auberge. Aux termes de l'article 1131, faut-il pour que la convention d'hôtellerie puisse se former que l'aubergiste fixe une rémunération de l'abri et des services que le voyageur lui demande ? Selon nous l'affirmative s'impose. Si professionnellement, l'aubergiste s'oblige à recevoir le voyageur et à lui fournir les services d'usage, s'il consent à encourir la lourde responsabilité que la loi édicte contre lui, c'est en raison de l'obligation réciproque pour le voyageur de lui payer un prix sérieux et rémunérateur. On ne conçoit guère un aubergiste hébergeant tous les passagers à titre gracieux et par philanthropie. La convention d'auberge est, on le voit, un contrat à titre onéreux, dont le prix est l'un des éléments essentiels : Pas de prix, pas de convention d'auberge.

Mais il est parfaitement possible que l'hôtelier reçoive et loge certaines personnes dans son hôtel, sans les faire payer. Il en sera ainsi lorsqu'il abritera des parents, des amis, ou quelque chemineau recueilli par charité. Y a-t-il alors convention d'hôtellerie ? Nous ne le pensons pas. Selon nous, c'est un simple fait d'amitié ou de charité, dont la situation professionnelle de l'hôtelier ne saurait changer la nature ni les effets.

Occupons-nous donc de l'hypothèse la plus générale et qui seule rentre dans le cadre de notre étude du contrat d'hôtellerie proprement dit.

Il faut qu'il y ait un prix, c'est-à-dire une rémunération stipulée. En quoi doit-elle consister ? En principe elle doit consister en argent. Ce prix doit-être certain et déterminé, c'est-à-dire fixé sérieusement par les parties avec l'intention de le réclamer, de le payer, et établi en ce qui touche le quantum de la prestation.

Terminons pour le prix, en notant qu'il doit être sérieux, c'est-à-dire correspondre à la valeur de la jouissance louée. L'aubergiste qui, dans un établissement de moyenne importance, louerait moyennant un ou cinq centimes ne ferait sûrement que donner l'apparence d'un prix à la prestation qu'il fournit. Nous aurons à voir plus tard, quels peuvent être les résultats de la vileté du prix, pour l'exécution ou l'annulation du contrat d'hôtellerie.

Il reste à observer que le contrat d'auberge renfermera la condition de prix nécessaire, même si celui-ci n'a pas été déclaré au contrat. Il suffit, en effet, qu'il soit tacitement convenu ou sous entendu. Il en sera ainsi très fréquemment dans les auberges à prix fixe.

Si nous supposons qu'un voyageur descende à l'hôtel, se fasse conduire dans une chambre, s'y installe sans convenir du prix, le contrat existe-t-il, et quel sera le prix si le contrat existe ?

Le contrat existe d'une façon certaine. Le voyageur

n'a pu descendre à l'hôtel sans songer qu'il lui faudrait payer son logement et les services qui lui seraient fournis. Il y a, dans cette passation rapide du contrat, l'élément essentiel à sa formation, à savoir : l'existence d'un prix.

La difficulté ne saurait porter que sur la fixation exacte de ce prix, et non sur sa réalité. Sur ce point, il faudra tenir compte du prix ordinaire de l'auberge, des circonstances du fait. Le juge du différend aura sur ce point un pouvoir d'appréciation discrétionnaire.

Un troisième élément essentiel à la formation de la convention d'hôtellerie, comme d'ailleurs à tout contrat, est le consentement des deux parties, aubergiste et voyageur, aux clauses et conditions de l'accord proposé. Nous n'aurons à rappeler ici que les règles générales de la matière.

On sait d'abord qu'une convention ne peut se former sans la volonté des parties contractantes, qui forme entre elles le lien obligatoire. On sait également que cette volonté n'est valable que si elle est libre. Parmi les causes qui peuvent porter atteinte à cette liberté, on cite communément l'erreur, le dol, la violence. Il faut aussi que cette volonté soit bien dirigée vers le but poursuivi, c'est-à-dire qu'elle porte sur les choses essentielles à l'existence du contrat.

Voyons un peu plus en détail le consentement. Pour qu'il existe chez les contractants, il est de toute nécessité que ceux-ci soient en possession de leurs facultés mentales. Très sûrement il n'y aurait pas de contrat, si l'aubergiste ou le voyageur étaient atteints de folie au moment de l'accord. Il pourrait en être de même, hypothèse plus pratique, si l'un des deux était alors en état d'ivresse. Il est toutefois presque superflu de dire qu'il y aurait, en ce cas, une large part à laisser à l'appréciation du juge qui verra si les faits sont assez nets pour permettre de croire que l'ivresse de l'un des contractants était telle qu'il avait complètement perdu la raison.

En dehors des cas de volonté inexistante, il n'y a plus que ceux de volonté viciée par une cause déterminée. La première à envisager ici est l'erreur. Aux termes de l'article 1.110, Code civil, l'erreur n'atteint le consentement à une convention que lorsqu'elle porte sur la substance même de la chose, objet de l'accord, ou qu'elle porte sur la personne, si la considération de cette personne est la cause principale de la convention. L'application de ces idées au bail d'auberge, n'aura que rarement lieu. Il est difficile, en effet, d'imaginer que la personne qui descend dans une maison, la prenne à tort pour une auberge, passe avec l'habitant de cet immeuble un contrat, qu'il prend pour un bail d'hôtellerie, alors que l'autre y voit, soit un bail à loyer ordinaire, soit un autre contrat; l'organisation actuelle des hôtelleries ou auberges avec leurs enseignes, même dans le moindre village, ne laisse guère place à cette hypothèse. Reste l'erreur sur la personne. En règle générale, elle n'est pas une cause de nullité du contrat. En effet, on contracte le plus souvent en vue d'un résultat et non en vue d'une personne. En matière de convention d'auberge, nous rentrons dans la thèse générale.

Que décider si l'erreur s'est produite sur le prix ?

L'aubergiste a demandé dix francs par jour, le voyageur a compris huit et a accepté. Ce dernier a le droit de considérer le contrat comme vicié par une erreur sur la substance : c'était au surplus la solution qui était déjà donnée par les jurisconsultes romains en matière de bail ordinaire (1). Et dans le cas inverse où c'est l'aubergiste qui s'est trompé sur le prix. La solution semble devoir être la même, mais il y aurait alors une précaution à prendre pour le juge de cette question. Ce serait de voir, s'il n'y a pas eu dans le fait un procédé commercial de l'aubergiste pour augmenter ses prix après coup. Il est certain qu'il serait alors irrecevable à invoquer une prétendue erreur.

Le dol est encore une des causes qui peuvent vicier le consentement dans le contrat d'hôtellerie. L'article 1116 du Code Civil nous indique en ce cas, les règles à suivre. Il faut que le dol ait été pratiqué par l'une des parties contractantes, et qu'il soit tel, qu'il est évident que, sans les manœuvres pratiquées, l'autre n'aurait pas contracté. L'exemple le plus pratique de dol est celui ou un aubergiste détourne par des assertions mensongères des voyageurs d'un hôtel où ils ont demandé à descendre, pour les amener dans le sien. Il faut remarquer que, dans bien des cas, le dol semblerait ne pouvoir être invoqué, parce qu'il ne sera pas l'œuvre de l'aubergiste même, mais de ses préposés ou d'agents qu'il aura postés sur le passage du voyageur.

(1) Fr. 2, Dig. *Loc. cond. Pomponius.* « Si decem tibi loco fundum, tu autem existimes quinque conducere, nihil agitur ».

Cependant, cette solution serait excessive ; ce que, de l'avis général, et d'après une jurisprudence constante, l'article 1116 entend par dol pratiqué par l'une des parties, ce n'est pas seulement le fait frauduleux personnel de celle-ci, mais bien le fait des autres, exécuté d'après ses ordres avec sa connivence ou sa complicité.

Passons rapidement sur une autre cause qui vicie le consentement : la violence. Pour le cas exceptionnel où elle se rencontrerait, elle suffit à elle seule, et quel qu'en soit l'auteur, aubergiste ou tiers ayant agi en dehors de lui, pour vicier le consentement. (Article 1111 du Code Civil).

La forme, dans laquelle le consentement doit intervenir, sera étudiée avec celle même du contrat.

Il ne suffit pas, pour que la convention d'hôtellerie soit valable, qu'il y ait consentement des parties et accord sur la chose et le prix, il faut que les parties soient capables de contracter.

Il nous faut distinguer, en notre matière, entre l'aubergiste et le voyageur. La capacité nécessaire n'est pas la même chez l'un ou chez l'autre. L'aubergiste, obligé de fournir au voyageur un appartement et les services d'usage dans la convention d'auberge, doit avoir outre la capacité générale de s'obliger, le pouvoir de transmettre la jouissance des choses ; or, ce pouvoir n'appartient qu'au propriétaire ou à celui qui a le droit de jouissance ou d'administration de la chose. L'aubergiste doit donc, pour pouvoir passer le contrat, être propriétaire, usufruitier, locataire ou administrateur de l'auberge. Les conditions de capacité n'offrent au surplus que l'intérêt d'un exposé théorique, car elles existeront fatalement dans la plupart des cas. En effet, l'aubergiste est un commerçant, et doit comme tel remplir les conditions de capacité exigées par le Code de Commerce (article 2).

Le voyageur s'oblige à user des choses mises à sa disposition, en bon père de famille et suivant leur destination ; à payer le prix des services fournis par l'hôtelier. Il n'a besoin, pour contracter, que de la capacité générale de s'obliger pour de tels engagements. Il n'y a par suite, que le mineur non émancipé et l'interdit qui ne pourraient passer ce contrat.

Comment cependant l'aubergiste saura-t-il qu'il a affaire à un mineur ou un interdit ? Il n'est point dans l'usage de demander aux voyageurs leur état civil ou judiciaire. Nous verrons d'ailleurs l'effet exact de l'incapacité dans ce cas.

Cet examen fait des conditions de validité du contrat d'auberge, il nous reste à voir la forme de ce contrat. Il n'est soumis à aucune forme sacramentelle ni particulière.

Quand les parties sont d'accord sur la chose et le prix, le contrat existe et est parfait. Il peut être passé par écrit ou verbalement. L'écrit n'a d'intérêt qu'au point de vue de la preuve. Dans la réalité, le contrat d'hôtellerie sera presque toujours verbal : il n'est pas dans l'usage de passer acte pour sa constatation. La seule hypothèse, où on trouvera un écrit, sera celle où le contrat aura lieu par correspondance. Dans ce cas, il sera, aux termes de l'article 109 du Code de Commerce, un mode de preuve de notre contrat d'auberge.

§ II. — Sanction des conditions de validité du contrat d'hotellerie

Toute règle de droit suppose une sanction, lorsqu'elle n'est pas observée. La sanction, la plus générale que l'on rencontre, est la nullité de l'acte, passé au mépris des dispositions légales. Nous allons en trouver ici de nombreuses applications, en étudiant au fur et à mesure, les conséquences de l'omission des diverses conditions de validité du contrat d'hôtellerie.

Pas de convention sans consentement, inutile d'insister sur ce point.

La sanction des vices du consentement n'est plus l'inexistence du contrat d'auberge, mais seulement son annulabilité, ou si l'on veut, sa nullité, (ces deux expressions étant souvent employées indifféremment). Cela veut dire que les parties pourront ou exécuter leur accord défectueux, et cette exécution le rendra inattaquable, ou bien refuser de l'exécuter, et en faire prononcer la non-validité par justice. Au contraire, au cas d'inexistence du contrat, celui-ci ne saurait être confirmé par une exécution et l'inexistence n'a besoin que d'être constatée et non prouvée en justice.

La sanction de l'incapacité des parties sera en principe la même que celle des vices du consentement, l'annulabilité du contrat d'auberge.

Quant à l'objet au prix, leur défaut constituerait une cause d'inexistence du contrat d'auberge.

Notons qu'en principe, aucun contrat, sauf la vente, n'est rescindable pour lésion dans le prix, article 1118 du Code Civil. Notre contrat d'hôtellerie ne sera donc pas annulable, parce que le prix stipulé est inférieur même de beaucoup, à la valeur du logement et des services fournis.

Nous n'avons pas à faire ici, au sujet du contrat d'hôtellerie, la théorie détaillée des nullités tenant aux conditions de validité : elle a été faite partout au sujet des contrats en général, et un simple renvoi aux traités de droit civil suffit. Toutefois, insistons sur les plus intéressantes, celles qui proviennent de l'incapacité des parties.

L'aubergiste mineur non émancipé ou interdit traite avec un voyageur majeur. Le contrat est annulable, mais à quelles conditions ? Il s'agit ici d'une nullité relative, édictée dans l'intérêt particulier du mineur ou de l'interdit, et qui ne peut être invoquée que par lui et ses représentants légaux et non par le voyageur (article 1125 du Code civil). Le voyageur est donc tenu, et le contrat devra s'exécuter, si l'aubergiste n'en réclame pas la nullité, ce qui aura lieu généralement. Ajoutons, s'il s'agit d'un aubergiste mineur, qu'il ne peut invoquer la nullité de son engagement qu'au cas de lésion : il s'agit alors d'une action en rescision (article 1305 du Code Civil), et il devra prouver le préjudice, ce qui ne sera guère possible, car on ne voit pas en quoi il peut nuire à l'hôtelier d'avoir des clients.

Le contrat a donc encore beaucoup de chances d'être exécuté. Nous supposons, bien entendu, un mineur qui tiendrait irrégulièrement l'auberge, car on sait que l'aubergiste est un commerçant, et que pour pouvoir exercer ce commerce, il doit en principe être émancipé et autorisé (article 2 du Code civil), auquel cas, ses engagements relatifs à son commerce sont inattaquables (article 1308 du Code civil). D'ailleurs l'hypothèse d'un hôtelier mineur non émancipé est peu fréquente ; il en est de même de celle d'un aubergiste interdit, car l'interdit est, le plus souvent, un fou qu'on enferme et qui ne tient pas commerce.

Celle du voyageur mineur, non émancipé ou interdit, est plus vraisemblable. Alors le contrat d'hôtellerie passé par lui est annulable. Mais ici, comme tout à l'heure, il faut que la nullité soit demandée par l'incapable ou ses représentants, et elle ne peut l'être que par eux ; sinon le contrat reste entier et s'exécute. Pour le voyageur mineur également, l'engagement ne sera rescindable que s'il y a lésion et lésion établie. En pratique, on songe surtout à un mineur qui, descendu à l'hôtel, refuserait de payer le prix réclamé pour son séjour, en invoquant la nullité du contrat d'auberge. Mais il faut observer qu'il ne pourrait se soustraire à ce paiement, ou tout au moins à un paiement, car le mineur est bien restituable contre ses engagements qui le lèsent, mais est aussi tenu dans la mesure où ils lui ont profité (article 1312 du Code civil). Or, très sûrement, le séjour à l'auberge a profité au mineur dans une mesure que l'hôtelier devra établir, et dans cette mesure, le voyageur devra payer.

Si le mineur a tenté de filouter l'aubergiste en se faisant loger gratis, il y a délit, et aux termes de l'article 1310 du Code Civil, il n'est pas restituable contre les obligations résultant de son délit et devra payer intégralement.

Y aurait-il délit pénal ? Cela est une autre question. Selon l'article 401 du Code pénal, modifié par la loi du 26 juillet 1873, il n'y a délit pénal que pour la filouterie d'aliments et boissons ; on en conclut généralement qu'il n'y en a pas pour la filouterie de logement.

Passons à la femme mariée. Celle-ci, en thèse générale, ne peut s'engager sans autorisation maritale ; le contrat passé par elle sans cette autorisation est nul, d'une nullité relative, qui ne peut être invoquée que par la femme, le mari ou ses héritiers ; il est cependant susceptible de ratification par le mari. Le premier cas de nullité sera celui où la convention d'hôtellerie a été conclue par une femme mariée aubergiste sans autorisation maritale. Nous n'insisterons pas sur cette espèce. La femme mariée, pour exercer un commerce, doit être autorisée d'une façon générale par son mari, et il est rare qu'il en soit autrement. D'autre part, elle n'aura pour ainsi dire jamais intérêt à demander la nullité du contrat d'auberge, car, comme nous l'avons déjà dit : un hôtelier ne se plaint pas d'avoir des clients. Quant au voyageur, il est sans droit à invoquer la nullité et devra s'exécuter. Plus sérieuse est l'hypothèse de la femme mariée, descendue comme voyageuse dans un hôtel sans autorisation maritale et demandant

ensuite la nullité de son engagement pour ne pas payer.
La nullité devrait évidemment être prononcée, mais
cela n'empêchera pas la femme d'être tenue dans la
mesure où elle a profité de cet engagement. Sa situation est celle des mineurs et des interdits à cet égard.
Que décider en cas de délit, notamment quand la
voyageuse a frauduleusement dissimulé sa qualité de
femme mariée? La solution est la même que pour le
mineur.

En ce qui touche les mineurs émancipés et les
individus pourvus d'un conseil judiciaire, ils ont la
capacité d'administrer suffisante pour le contrat
d'auberge et la question de nullité ne se pose plus.

CHAPITRE III

DES OBLIGATIONS DE L'HOTELIER
ET DE LEUR SANCTION

Ce que nous devons étudier dans ce chapitre, ce sont les obligations légales de l'aubergiste ; celles qui découlent de la nature du contrat global d'auberge.

Elles peuvent se résumer comme suit :

    I. — Délivrance de la chose louée.

    II. — Entretien de la chose louée.

    III. — Garantie.

    IV. — Prestation des services d'usage dans le contrat d'auberge.

    V. — Responsabilité de l'aubergiste. (Du Dépôt d'auberge.)

    VI. — Responsabilité de l'aubergiste à raison des délits commis dans l'auberge.

§ Ier. — DE LA DÉLIVRANCE DE LA CHOSE LOUÉE.

L'aubergiste doit délivrer au voyageur la chose louée, c'est-à-dire mettre à sa disposition le local arrêté par lui pour son logement (article 1719, 1° du Code Civil), avec tous les accessoires qu'il comprend, notamment le mobilier. C'est là le but essentiel du contrat d'hôtellerie : le voyageur l'a passé pour jouir d'un certain logement ; l'aubergiste doit avant tout le mettre à sa disposition. Cette obligation s'exécutera le plus souvent par la remise au voyageur de la clef de son logement.

Cette délivrance doit avoir lieu à l'endroit et à l'époque convenus. L'endroit convenu sera toujours et normalement l'auberge même. Quant à l'époque, elle suivra le plus fréquemment de très près la conclusion du contrat, mais elle peut être fixée postérieure à cette conclusion de l'accord ; spécialement quand elle s'est faite par correspondance. En tout cas, la dernière limite sera à l'évidence l'arrivée du voyageur à l'hôtel. Au surplus, la simple mise de la chose louée, à la disposition du voyageur, ne constitue pas une délivrance suffisante pour que l'hôtelier ait rempli son obligation. Aux termes de l'article 1720 du Code Civil, en effet, « le bailleur est tenu de délivrer la chose en bon état de réparations de toute espèce ». L'hôtelier doit donc, non seulement laisser à la disposition du voyageur le logement convenu, mais encore le lui remettre en bon état de réparations.

« Ce serait une délivrance dérisoire, disait à juste

titre le rapporteur au Tribunat, à propos du bail, si la chose était délivrée en mauvais état, puisque le preneur ne pourrait en retirer le service sur lequel il a droit de compter (1).

Si l'aubergiste n'accomplit pas son obligation de délivrer la chose louée, quelles vont être les conséquence de cette inexécution ?

On peut distinguer trois hypothèses : l'aubergiste ne délivre pas du tout la chose louée, il la délivre tardivement, ou il la délivre en mauvais état.

L'aubergiste n'accomplit pas l'obligation qui pèse sur lui de délivrer les lieux loués au voyageur avec les accessoires nécessaires, par exemple, après avoir passé le contrat d'auberge, il refuse, sans motif, de recevoir le voyageur. Que peut faire celui-ci ? En principe, article 1834 du Code civil, dans les contrats synallagmatiques, en cas d'inexécution par une partie de ses obligations, l'autre a le droit, ou de la forcer à s'exécuter avec dommages-intérêts pour le retard, ou de demander la résolution du contrat, avec indemnité pour le préjudice causé par cette résolution.

Ce principe s'applique en matière de bail et a été reconnu implicitement par l'article 1741 du Code civil. En raison de cette règle, la théorie générale décide, que le preneur, et notre voyageur en est un, aura une action en délivrance qui lui permettra de se faire mettre en possession, si le bailleur, c'est-à-dire l'aubergiste, peut le faire, et s'y refuse. Elle décide aussi, qu'à défaut

______

(1) MOURICAULT. — Rapport au tribunat.

par le bailleur de pouvoir effectuer la délivrance, il sera tenu à des dommages-intérêts au profit du preneur, outre la résiliation du contrat; les travaux préparatoires confirment cette théorie (1).

On a quelquefois discuté le droit pour le preneur de se faire délivrer, *manu militari*, la chose louée : on considère l'obligation du bailleur comme une obligation de faire, qui, faute d'exécution, se résoud seulement en dommages et intérêts (article 1142 du Code Civil). Mais c'est opérer une confusion entre l'obligation de faire et l'obligation de livrer qui ne suppose plus un fait exclusivement personnel, mais simplement un fait susceptible d'être accompli en dehors de celui qui s'en est chargé (2).

Il faut cependant réserver le cas, où l'hôtelier est dans l'impossibilité d'effectuer la délivrance pour un motif sérieux et absolument indépendant de sa volonté, c'est-à-dire de toute faute de sa part, par suite d'un cas fortuit ou de force majeure, par exemple : supposons qu'il a passé le contrat d'auberge par correspondance et qu'au moment où le voyageur se présente, l'établissement a été détruit par un affaissement du sol, il n'y aurait pas lieu à des dommages-intérêts contre l'hôtelier (article 1302 du Code Civil).

Au point de vue des dommages-intérêts qui peuvent être dûs par l'aubergiste du chef de la non délivrance,

(1) Mouricault. — Rapport au tribunat, n° 8. — Locré, t. VII, p. 299.

(2) Laurent, t. XVV, n° 402. — Guillouard, *Louage*, t. I, n° 95. — Agnel et Carré, n° 158.

l'application des règles générales contenues dans les articles 1150 et 1151 du Code civil a lieu, autrement dit, si l'aubergiste est de bonne foi dans l'impossiblité de délivrer la chose louée sans dol ni fraude, par suite d'une négligence, (il a omis par exemple qu'il avait déjà loué la salle à d'autres personnes), les dommages-intérêts ne comprendront que ce qui a été ou a pu être prévu lors du contrat. Ainsi la perte de temps causée au voyageur, ses frais, pour se déplacer et changer d'hôtel, la majoration de prix qu'il sera forcé de payer dans la nouvelle auberge ; mais point les pertes que l'inexécution peut lui causer, par ce que mieux placé dans l'établissement originaire, il aurait réalisé des gains plus considérables et n'y est point parvenu à l'endroit où il a du se rendre. Au contraire, si l'aubergiste est de mauvaise foi, s'est mis par dol ou par fraude dans l'impossibilité de livrer la chose, il sera tenu des dommages-intérêts prévus et imprévus. Remarquons néanmoins encore, à l'aide des règles générales (article 1151 *in fine*), que ces dommages-intérêts ne peuvent être que la réparation du préjudice dont l'inexécution a été la cause immédiate et directe.

Enfin, la bonne ou mauvaise foi de l'hôtelier est une question de fait, abandonnée tout entière à l'appréciation souveraine des juges, qui ne saurait donner matière à cassation (1).

En matière de bail, le retard, dans la délivrance par le bailleur, a pour sanction des dommages-intérêts

(1) Voyez en matière de bail. Cass. 21 février 1834. DALLOZ, 1838, 1. 377.

contre lui, en réparation de la faute qu'il commet en ne livrant pas à l'époque convenue. Il est généralement admis que ce retard peut aussi donner lieu à résolution du contrat, s'il est volontaire ou considérable (1). Or, il se peut que l'aubergiste ne refuse pas la délivrance au voyageur, mais ne l'opère que tardivement. Le voyageur a arrêté une chambre pour le premier mai, l'hôtelier à son arrivée lui dit ne pouvoir la livrer que le lendemain ou le surlendemain. Il y a évidemment atteinte au contrat. Quel en sera l'effet ? A notre avis, le voyageur pourra demander la résolution purement et simplement, car un retard, d'un jour ou deux, n'est rien pour un locataire au mois ou à l'année, et ne donnerait lieu qu'à des dommages et intérêts. Il est au contraire considérable pour un voyageur qui passe et ne doit rester quelquefois que quelques jours à l'auberge. Le retard équivaut pour lui à un défaut de délivrance. Il aura toujours le choix néanmoins, entre accepter la délivrance tardive, sous réserve de dommages et intérêts, ou considérer, *ipso facto*, le contrat comme résolu. Il est nécessaire, comme dans l'hypothèse précédente, d'excepter le retard dérivant d'un cas fortuit ou de force majeure qui écarte les dommages intérêts.

Si le tenancier de l'auberge a loué la même pièce à deux voyageurs différents, il y a deux actions contre lui : l'une en délivrance, l'autre en dommages-intérêts. Quel est celui des voyageurs qui pourra exercer

____

(1) Laurent, t. XXV n° 106. — Guillouard, t. I, n° 100.

la première et se faire mettre en possession ? Si l'aubergiste a déjà mis l'un d'eux en possession, l'autre ne pourra agir qu'en dommages et intérêts ; *in pari causa melior est causa possidentis*. Si aucun des deux n'est en possession, comme aucun titre ayant date certaine ne fixe la priorité, (en effet le contrat est presque toujours verbal et parfois même tacite), c'est au juge à décider, quel est le premier contractant d'après les présomptions de la cause et à ordonner sa mise en possession. L'autre aura toujours, bien entendu, l'action en dommages et intérêts (1).

Enfin, toujours relativement à la délivrance, que décider si l'aubergiste ne peut délivrer les lieux loués dans les conditions mêmes où ils étaient lors du contrat? Il faut distinguer, si le changement survenu est dû où non à la faute de l'hôtelier. Dans le premier cas, le voyageur peut demander la résolution du contrat avec dommages-intérêts, pour inexécution ; dans le second, il ne lui est permis que de demander la résolution, sans dommages-intérêts. Deux exemples feront ressortir cette idée. Un hôtelier a promis à un voyageur une chambre comprenant un mobilier déterminé ; premier cas : il lui délivre la chambre, mais il a enlevé une partie du mobilier entre l'accord et la délivrance ; deuxième cas : il lui livre la chambre où il manque une partie du mobilier qui vient d'être détruit par un incendie (2).

---

(1) Sur cette question V. Cass. 29 août 1849. DALLOZ, 49, 1, 273. — Cass. 19 mai 1857. DALLOZ, 57, 1, 367.

(2) AGNEL et CARRÉ, n° 164.

Nous avons à rechercher enfin quel sera l'effet de la délivrance de la chose louée en mauvais état.

Le voyageur pourra faire condamner l'hôtelier à mettre les lieux loués en bon état; il pourra aussi lui demander des dommages-intérêts, pour le préjudice que lui cause l'inexécution du contrat (1). On admet généralement, que ces dommages-intérêts peuvent consister en une diminution de loyer; en l'espèce, le prix du contrat d'hôtellerie, correspondant à la moins-value résultant du défaut de réparations. Mais le preneur, le voyageur, peut-il retenir cette indemnité sur le prix? La question est controversée; pour les uns, reconnaître un pareil droit au locataire, ce serait lui permettre de se faire justice à lui-même. La voie régulière est l'action contre le bailleur (2).

D'autres admettent parfaitement ce droit chez le preneur. « Du moment, dit M. Guillouard, que le bailleur n'accomplit pas son obligation de livrer la chose en bon état, le preneur ne saurait exécuter son obligation corrélative de payer le loyer, au moins dans la mesure où il ne jouit pas; au lieu d'être réduit à intenter au bailleur un procès toujours dispendieux, il pourra en retenant les loyers, sans déplacement et sans frais, amener très vite le bailleur à exécuter son obligation. La jurisprudence semble avoir incliné de ce côté (3).

(1) GUILLOUARD t. I, n°⁵ 101 et 181. — Cass. 16 mars 1853, DALLOZ 1853, 1, 100. — Cass. 15 décembre 1880, DALLOZ 1881, 1, 37.

(2) LAURENT, t. XV, n° 109. — Douai, 9 juin 1846. *Journal du Palais* 1846, II, 342. Douai, 7 mai 1856, SIREY, 57, 2, 209. — Paris, 4 juillet 1868, SIREY, 68, 2, 303.

(3) GUILLOUARD. — Du Louage, n° 222.

§ II. — De l'entretien de la chose louée

L'aubergiste est encore obligé, en vertu du bail, « d'entretenir la chose en état de service pour l'usage pour lequel elle a été louée ». Cette obligation du bailleur n'est relative qu'à ce qu'on appelle les grosses réparations. Il faut par exemple, qu'il remette au voyageur une chambre confortable. Si les fenêtres, la porte ferment mal, si le plafond s'effondre, si la muraille s'effrite, il devra faire les réparations nécessaires. Mais cette obligation ne comprend pas les petites réparations d'entretien, qu'on appelle généralement locatives. Ainsi le voyageur ne pourra exiger de l'aubergiste une chambre peinte ou tapissée de frais. Celui-ci n'est tenu, aux termes de l'article 1720, 2° du Code Civil, que des réparations nécessaires.

Quelles sont pour l'aubergiste les conséquences de l'inexécution par lui de son obligation d'entretenir la chose louée en bon état de service, pour l'usage auquel elle est destinée, c'est-à-dire, d'entretien de grosses réparations nécessaires ? Le voyageur est en droit de demander la résolution du contrat, par application du principe général que la clause résolutoire est sous-entendue dans les contrats synallagmatiques (article 1184 du Code Civil). On trouve cependant des arrèts qui, au lieu de résilier le bail, déclarent que les juges doivent ordonner l'exécution des travaux par le locataire lui-même aux frais du bailleur (1). Il est d'ailleurs admis en

____

(1) Lyon 1er Février 1867 et Caen 26 Juin 1850. Rép. des Pandectes françaises t. XI. (V° Bail, 620).

général que le preneur, au lieu de demander la résolution du contrat, peut se faire autoriser par justice à
exécuter les réparations aux frais du bailleur, après
avoir fait impartir à celui-ci, un délai pour y procéder (1).
Mais ce n'est pas une obligation, comme semblerait
le déclarer la jurisprudence précédente, et nous
croyons, que si ce procédé est possible pour un bail à
long terme, il ne l'est pas pour une location de courte
durée comme celle de l'auberge. La résolution du
contrat est le seul moyen possible, surtout si les
réparations à faire sont importantes et nécessitent un
certain temps de travail : le contrat d'auberge sera
expiré avant l'achèvement des travaux.

Au cas ou l'aubergiste exécute les réparations nécessaires, le voyageur les doit supporter au moins si elles
sont urgentes. Cependant les travaux doivent être
effectués avec diligence, sinon le tenancier pourra être
tenu d'une indemnité pour privation de jouissance,
encore qu'elle n'ait pas duré 40 jours, comme le veut
l'article 1724 du Code Civil. La base des dommages-
intérêts ne serait plus en effet la durée excessive mais
nécessaire des travaux gênant le locataire, mais la
faute de l'hôtelier qui fait durer ceux-ci plus longtemps
qu'il n'est nécessaire (article 1382 du Code Civil).

Il ne suffit pas seulement que l'hôtelier fasse procéder aux réparations même avec diligence, il faut
encore que les lieux loués soient habitables ; s'ils ne le
sont pas, à cause des travaux en cours, le voyageur peut

____

(1) AUBRY et RAU, t. IV § 366, N° 6.

résilier son contrat (article 1724, dern. al.), même si les
réparations ne durent pas quarante jours (1). Naturellement la question de savoir, si les réparations sont de
nature à rendre le logement inhabitable, est une question de fait abandonnée à l'appréciation souveraine
des tribunaux.

Remarquons, à propos des réparations, que très
souvent l'aubergiste ne sera lui-même que locataire
principal et qu'à raison du préjudice que pourra lui
causer la résiliation du contrat d'hôtellerie amenée par
les travaux effectués ou les indemnités à payer, il
pourra se retourner contre le propriétaire et exercer un
recours contre lui. On peut citer, en ce sens, un jugement du tribunal de Lyon du 21 mars 1877, que nous
relevons uniquement parce qu'il intéresse notre sujet,
il ne fait, en effet, que l'application des principes. Il
décide que pour apprécier la proportion dans laquelle
le prix du bail doit être diminué, conformément à
l'article 1721 du Code civil, pour indemniser le principal locataire tenancier d'un hôtel, à raison des réparations que le propriétaire a du effectuer dans le cours
du bail et durant plus de quarante jours, il faut moins
s'attacher à évaluer le prix de la location afférente à
chaque pièce et à chaque étage, qu'à estimer la déper-
dition causée à l'ensemble de l'exploitation de l'hôtel
par la privation d'une partie de ses locaux (2).

Le voyageur qui, privé de son logement par les répa-

____

(1) LAURENT, t. XXV, n° 142. — Accolas. D. civ., t. III, p. 371. —
AGNEL et CARRÉ, n° 195.

(2) *Pandectes françaises.* Répertoire, t. XI, V°. Bail, n° 656.

rations, demande la résiliation du contrat, a-t-il droit
à des dommages et intérêts ? Il faut distinguer ici selon
que les réparations ont été nécessitées par un cas
fortuit ou de force majeure ou qu'elles sont dues à
une faute de l'aubergiste. Dans ce dernier cas seulement, celui devra des dommages et intérêts. Il ne
s'agit que d'appliquer le droit commun en matière de
dommages et intérêts et non l'article 1724.

§ III. — De la garantie.

Comme bailleur, notre aubergiste doit aux termes de
l'article 1719, 3° du Code Civil : «Faire jouir paisiblement
le voyageur de la chose louée», durant son séjour à l'hôtel.
C'est ainsi qu'il doit tenir les lieux garnis des meubles,
linges et autres objets nécessaires. Il ne peut pendant
le séjour du voyageur changer l'état ou la disposition
des lieux loués, ni d'aucune dépendance, même pour y
faire des embellissements. Signalons à la suite de certains praticiens, l'usage qui impose à l'aubergiste de
fournir la lumière, si la location ne se fait que pour
une nuit (1). D'une façon générale, l'hôtelier ne doit
pas, par son fait, apporter un trouble quelconque à la
jouissance des lieux loués. Les espèces peuvent être
nombreuses et il ne paraît pas utile d'y insister, le
principe suffit.

Cette obligation « d'assurer au preneur la libre

___

(1) Agnel et Carré. Code manuel des propriétaires et locataires de
maisons, hôteliers, aubergistes et logeurs, n° 1005.

jouissance des lieux loués durant son séjour » est la plus fertile en conséquences judiciaires. Dans le bail ordinaire, elle entraîne pour le bailleur, celle de garantir le preneur de tout trouble, soit de sa part, soit de la part des tiers, et de le garantir en cas de perte totale ou partielle de la chose (articles 1721 et suivants du Code civil).

Nous allons étudier successivement les obligations de l'hôtelier à ces divers points de vue.

L'hôtelier est garant, vis-à-vis du voyageur, de ses faits personnels qui causeraient à ce dernier un trouble dans la jouissance des lieux loués. Il ne peut donc, pendant le séjour du voyageur, changer la forme de ceux-ci (article 1723 du Code Civil). Le changement de forme de la chose apporte, en effet, une modification au contrat, loi des parties, modification qui ne peut avoir lieu sans le consentement de part et d'autre. Il est admis dans la doctrine, en règle générale, que le bailleur ne peut faire des changements, si minimes soient-ils, sans le consentement du preneur (1). Mais la jurisprudence, suivant sur ce point l'opinion de Pothier, admet la transformation si elle ne porte que sur une partie peu considérable de la chose et si le bailleur a intérêt à la faire ; toutefois, le preneur a droit à indemnité.

Naturellement le voyageur, comme le preneur en général (2), n'aura aucune action contre l'aubergiste

______

(1) AUBRY et RAU, t. IV, § 366, p. 477 et note 12. — LAURENT, t. XXV, n. 144. — GUILLOUARD, t. I, n. 129.

(2) Cass., 8 nov. 1859, SIREY, 60, 1, 455. — AGNEL et CARRÉ, n° 224. — LAURENT, t. XXV, n. 141.

si les changements opérés par celui-ci ne sont pas de
nature à troubler sa jouissance.

Supposons que l'aubergiste ait changé la forme de
la chose louée, quelle en sera la conséquence ? Nous
retombons ici dans l'application de l'article 1184 du
Code civil : le voyageur pourra, ou forcer le tenancier
à exécuter son contrat, c'est-à-dire à rétablir les choses
dans leur état, ou demander la résolution du contrat
avec dommages-intérêts. La question est cependant
moins simple qu'elle ne le paraît. On s'est d'abord
demandé quelles étaient les transformations rentrant
dans l'article 1723 du Code civil. Certains auteurs ont
en effet prétendu qu'il ne pouvait s'agir que des changements apportés à la chose principale, et non aux
accessoires (1) ; cette théorie n'a point prévalu. En
effet, le preneur a la jouissance des accessoires au
même titre que du principal en vertu du contrat ; il
n'y a aucune raison de distinguer (2). Nous en con-
cluons avec cette dernière opinion, que la transformation, apportée à quelque partie que ce soit de la chose
louée, donne droit pour le voyageur à la sanction
précitée. Notons qu'en jurisprudence, c'est-à-dire en
pratique, cela n'aura lieu que si la transformation est
considérable (3). Mais que faut-il entendre par changement de forme ? C'est, dans la définition la plus
souvent donnée, une transformation matérielle, qui

(1) AUBRY et RAU, *loc. cit.*, not. 13.
(2) AGNEL et CARRÉ, *loc. cit.* — Paris, 12 janvier 1856. SIREY,
56.2.168. — LAURENT, *loc. cit.*, n° 145. — GUILLOUARD, n° 131.
(3) Paris, 24 janvier 1857. SIREY, 57.2.500.

occasionne au preneur un trouble ou une diminution
de jouissance, « une modification, qui, sans détruire
la substance de la chose, en altère le caractère particulier (1). Telle n'est pas la simple réparation (2). Mais
en dehors de ce cas précis, le reste est une question
de pure appréciation des faits, pour voir s'ils sont ou
non constitutifs de transformation. Il est même assez
malaisé d'en trouver des exemples dans notre matière
du bail d'hôtellerie. On peut supposer par exemple
qu'un voyageur ayant arrêté une chambre très
spacieuse, parce qu'elle occupe la place de deux pièces,
séparées par une clôture mobile, repliée au moment
de l'entrée en jouissance, l'hôtelier ne pose un jour
cette clôture pour disposer d'une seconde chambre,
et diminue ainsi du tiers ou de la moitié l'étendue du
local loué. Ou encore, le voyageur a loué une chambre
avec un balcon ; un jour, pour pouvoir disposer du
balcon au profit du voyageur voisin, l'hôtelier immo-
bilise les fenêtres qui y donnent accès.

Enfin, on a contesté le droit pour le preneur de faire
rétablir les lieux transformés dans leur état primitif,
s'il a assisté aux transformations sans s'y opposer ; il
ne pourrait alors demander que la résiliation ou des
dommages et intérêts (3).

Bien que l'article 1723 semble n'indiquer comme
trouble à la jouissance du preneur que le changement

---

(1) Trib. Seine, 26 janvier 1883. *Gaz. Pal.* 1883, I. 323.

(2) Cass. 16 nov. 1886. SIREY, 87.1.56. — GUILLOUARD, n° 128.

(3) Paris, 24 janv. 1857 précité. — Seine, 26 janvier 1883 précité. —
AGNEL et CARRÉ, n° 226.

de forme de la chose louée, il est certain, qu'il y a une foule d'autres faits susceptibles d'engendrer ce trouble et que dans ce cas, le bailleur contrevient à son obligation, ce qui entraîne une sanction à son égard. La sanction généralement admise est une indemnité au locataire. Cette indemnité est la réparation de la faute commise par le bailleur, faute contractuelle évidemment. Par conséquent, si l'aubergiste, par un fait quelconque, trouble la jouissance des lieux occupés par le voyageur, il sera poursuivable en dommages et intérêts au moyen de l'action en garantie. Pourrait-il se soustraire à cette responsabilité, par une clause expresse et générale de non garantie, lors de la passation du contrat, ou encore, par une mention de ce genre affichée dans son établissement, ou indiquée sur ses prospectus, papiers, factures. La négative est l'opinion dominante. On considère l'engagement pris par le bailleur, d'assurer au locataire la paisible jouissance, comme étant de l'essence même du contrat, et par suite insusceptible d'être modifié par une convention. Mais cela n'est vrai que de la clause générale de non garantie. On admet parfaitement une clause spéciale de non garantie pour un fait déterminé.

L'hôtelier, en s'obligeant à procurer au voyageur la paisible jouissance des lieux loués, est garant des faits de tiers qui auraient pour résultat de troubler cette jouissance. Mais il est nécessaire de distinguer, suivant les règles du bail posées aux articles 1725 à 1728 du Code civil, entre les troubles de fait et de droit. « Le trouble de fait, disait Pothier, dans notre ancien droit est celui apporté à la jouissance du preneur par des tiers qui ne prétendent aucun droit à l'héritage. Le trouble de droit est au contraire celui qui a pour cause une prétention sur la propriété du fonds, que l'action judiciaire soit accompagnée ou non de voies de fait ». Ces définitions fort satisfaisantes ont été adoptées par la plupart des auteurs (1). Or, le bailleur n'est pas garant des troubles de fait (article 1725 du Code civil) ; il l'est au contraire des troubles de droit (articles 1726 et 1727). Il faudra appliquer cette distinction à la garantie de l'aubergiste vis-à-vis du voyageur, par le fait des tiers.

Il n'est pas sans intérêt, au point de vue même des solutions à donner en notre matière, de voir pourquoi le législateur de 1804 a refusé la garantie du bailleur, pour le trouble de fait, provenant des tiers. L'article 1725 primitif, tout en déclarant le bailleur non tenu de garantir les troubles de fait, ajoutait cependant la faculté pour le preneur « de demander, s'il y échet une diminution de prix à raison des voies de fait ». M. Lacuée au Conseil d'État, ayant fait observer qu'il y avait contradiction à écarter la garantie et à autoriser cependant une diminution de prix, les mots relatifs à cette action en diminution de prix furent supprimés. Il en résulte pour l'application du texte, cette notion que jamais le trouble de fait n'aura de répercussion sur le bailleur, mais ouvrira seulement au profit du preneur,

____

(1) POTHIER, *Louage,* n°⁵ 81 et 82. — Voy. LAURENT, *Louage,* p.161, n° 17. — DEMANTE et COLMET DE SANTERRE, t. VII, n° 171*bis.* — GUILLOUARD, t. I, n° 157. — AGNEL et CARRÉ, n°⁵ 180 et 245.

une action personnelle contre les tiers auteurs du trouble, conformément à l'article 1.125 du Code Civil *in fine*. Le législateur a écarté ici la garantie, dit-on (1), parce qu'il a voulu frapper la faute du preneur, son défaut de surveillance de la chose louée, supposant que les troubles de fait sont dûs à sa négligence, ou même sont le résultat d'inimitiés personnelles, dont on ne saurait évidemment rendre le bailleur responsable. On ajoute, qu'il y a également le motif d'une action personnelle accordée contre les tiers au preneur, qui est ainsi garanti. C'est ce dernier motif, qui a conduit des auteurs à distinguer contrairement au texte et à donner au preneur une action contre le bailleur. Si la voie de fait ne lui donne aucune action contre les tiers, l'article 1725 ne peut plus alors s'appliquer, puisque le motif de sa disparition disparait (2).

La solution, qui découle de cet examen au point de vue de la garantie de l'aubergiste, est que celle-ci n'a pas lieu d'être mise en jeu au cas de trouble de fait, le texte est formel. Le voyageur n'aura jamais qu'une action personnelle contre le tiers, sauf l'hypothèse où le trouble serait commun au fait de l'hôtelier et au fait d'un tiers. Dans ce cas, il y a un fait indivisible, dont le voyageur peut demander compte à l'hôtelier, qui peut à son tour, exercer son recours contre les tiers (3).

Pour les troubles de fait, il est d'usage de distinguer

(1) Demante et Colmet de Santerre, t. VIII, p. 252, n° 171 *bis*, I. — Laurent, t. XXV, n° 160.
(2) Laurent t. XXV, n° 162 et 163.
(3) Lyon, 15 Juin 1887. Gaz. Trib. 1887, 31 Août.

les faits de l'administration et ceux des simples particuliers. Les premiers peuvent ouvrir une action contre
le bailleur, non les autres. Cette distinction repose au
fond sur une confusion. En effet, dans les cas où le
trouble administratif donne lieu à une action contre le
bailleur et non contre l'administration auteur du fait,
c'est que l'acte est légal et que l'administration est
restée dans le cercle de ses attributions. On ne peut,
dit-on, considérer comme une voie de fait un acte
administratif régulièrement accompli (1). Selon nous,
il n'y a pas trouble de fait, mais trouble de droit, peut-
être pas au sens de la définition de Pothier, mais au
sens de trouble légal, nécessaire que le bailleur doit
connaître et prévoir, et dont par suite il est responsable.
Ceci est si vrai, que l'on conclut à la responsabilité de
l'administration, si le trouble provient, non de travaux
exécutés par elle dans les conditions et les limites de
son droit, mais d'un manque de précaution ou d'une
faute de ses agents : il y a bien alors voie de fait. Les
espèces sont nombreuses, pour le bail ordinaire, à la
suite des travaux de voirie notamment. (2) Il est au
contraire assez difficile d'en indiquer dans le bail
d'hôtellerie.

Quant aux voies de fait de simples particuliers, elles
peuvent être de toute espèce et il est inutile d'énumérer

(1) LAURENT, n. 149. — GUILLOUARD, t. I, n. 149. — AGNEL et CARRÉ,
n. 250. — AUBRY et RAU, t. IV, 366 p. 478, n. 29.

(2) Voy. pour l'action contre le bailleur. Cass. 17 Août 1859, § 60, 1, 453.
Paris 7 février 1868, SIREY, 69, 2, 227. — Pour l'action contre l'Admi-
nistration, Paris 4 Août 1871, SIREY, 71, 2, 166, et AUBRY et RAU,
Loc. cit., p. 479.

des exemples. Il suffit de connaître le principe de l'action personnelle et unique contre les tiers, à l'exclusion de toute sanction contre l'aubergiste. Citons cependant un exemple dont la reproduction peut se présenter assez souvent, quand il s'agit d'auberge ou d'hôtel. Il a été décidé, qu'un locataire n'a pas d'action contre le bailleur, pour faire cesser les troubles qu'apportent dans sa jouissance des femmes de mauvaise vie, locataires d'un propriétaire voisin (1). La solution serait la même pour le voyageur incommodé par un voisinage de ce genre, à condition qu'il ne s'agisse pas de personnes acceptées et introduites dans l'hôtel même par le tenancier : celui-ci serait alors l'auteur même du trouble et à ce titre responsable. Remarquons qu'une jurisprudence constante, en matière de bail, accorde au locataire une action contre le bailleur lorsque le tiers a agi en vertu de ses droits. Cette observation est identique à celle que nous avons faite au sujet de l'action ; il n'y a plus alors trouble de fait, mais trouble de droit au sens indiqué.

Enfin, il est bon de déterminer exactement au point de vue de la garantie de l'aubergiste, ce qu'il faut entendre par tiers. Ce sont des personnes étrangères au bailleur, et dont les actes ne peuvent, à raison de leur nature, être considérés comme constituant l'exercice d'un droit conféré par le bailleur. Ainsi les personnes qui représentent ce dernier dans l'immeuble loué, gardiens, locataires, ne peuvent être pris comme

---

(1) Trib. Seine, 26 janvier 1888. *Gaz. Trib.* 18 février 1888.

des tiers, et le bailleur sera garant de leurs voies de fait : tel est le cas indiqué plus haut de filles de mauvaise vie introduites dans la maison (1). Le voyageur troublé par le fait d'un autre voyageur quelconque habitant l'hôtel, aura donc une action directe contre l'hôtelier. Il est incontestable toutefois que ce dernier aura de son côté un recours contre l'auteur du fait.

Après les explications qu'a suscitées l'examen du trouble de fait, il ne nous reste qu'un mot à dire de la sanction du trouble de droit, provenant d'un tiers : celui-ci donne lieu à une action en garantie contre l'aubergiste. Mais dans quelles conditions, et quelles en seront les conséquences? Le trouble de droit a pour résultat ou de gêner la jouissance du preneur (A. 1726), ou de le forcer à délaisser tout ou partie de la chose louée (A. 1727), c'est-à-dire de produire une éviction partielle ou totale, le tout en général par l'effet d'une action en justice. Toutefois l'article 1727, confirme notre remarque, sur la définition du trouble de droit : ce n'est pas toujours l'éviction judiciaire, c'est l'ingérence, dans les lieux loués, d'un tiers qui prétend avoir des droits sur eux. (Si ceux qui ont commis les voies de fait prétendent avoir quelque droit sur la chose louée,) le trouble de droit peut se manifester, autrement que par une action en éviction du tiers contre le preneur, par des voies de fait, par une mainmise sur la chose, dont il prétend être le propriétaire. Dans ce dernier cas, à l'action du preneur, le tiers répondra en

____

(1) Lyon, 29 mars 1871 et 31 mars 1871. Pand. frc. V° Bail, n° 827.

justice par une exception démonstrative du droit qu'il invoque. Il faut donc, pour qu'il y ait trouble de droit, un fait du tiers appuyé par lui sur un droit qu'il prétend lui appartenir, relativement à la chose louée.

Quelles seront les conséquences du trouble de droit apporté par un tiers à la jouissance des lieux occupés par le voyageur ? Il donnera lieu à une indemnité contre l'aubergiste au profit du voyageur. Dans le bail ordinaire, cette question donne lieu à des distinctions assez délicates. Le bailleur est garant si la cause du trouble existait au moins en germe avant le bail, qu'il l'ignorât ou la connût ; il ne l'est pas, dans la même hypothèse, si le preneur la connaissait, sauf clause expresse de garantie ; il ne l'est pas non plus si le preneur est lui-même tenu de garantie vis-à-vis de lui pour la même chose. Si la cause du trouble est postérieure au bail, le bailleur n'est garant que si elle provient de son fait et non dans le cas contraire. Ces principes, posés par Pothier dans son *Traité du Louage*, sont encore la base de toute la théorie jurisprudentielle et doctrinale des troubles de droit. Néanmoins, ils ont peu d'intérêt pour nous. Les troubles de droit qui peuvent affecter la jouissance du voyageur sont peu nombreux, et les distinctions n'ont pas toutes à s'appliquer. On ne peut guère imaginer que la passation du contrat d'auberge par l'hôtelier, qui a cessé d'être propriétaire ou locataire de l'établissement, et qui va être expulsé de ce dernier ; que la location des lieux, précédemment faite à un autre voyageur, qui, invoquant son droit, veut les occuper et les occupe, dans ce cas, l'aubergiste connaîtra la cause du trouble du bail et en sera garant. On peut imaginer encore que le voyageur soit troublé par l'exercice d'une servitude de l'immeuble voisin ; ici encore, la servitude existera avant la fermeture du contrat d'auberge et l'hôtelier sera poursuivable en garantie, à moins qu'il n'ait fait connaître à son hôte la situation que ce dernier a acceptée.

Le Code civil ne semble admettre l'action en garantie contre le bailleur qu'autant que le premier lui a dénoncé le trouble (article 1726). Cette dénonciation n'a point de forme particulière, et, dans l'espèce, une plainte verbale du voyageur à son hôtelier devrait, selon nous, être considérée comme suffisante. La seule difficulté sera de s'en réserver une preuve. En outre, il est admis que le défaut de dénonciation n'est pas un cas de forclusion pour le preneur, si le bailleur n'en souffre aucun préjudice dans ses propres droits (1). Or, dans les quelques espèces que l'on peut signaler, en quoi le défaut de dénonciation préjudiciera-t-il à l'aubergiste, qui connaîtra presque toujours la cause du trouble, et ne pourra presque jamais l'empêcher ? Notons, pour en terminer avec cette question, que le voyageur a le choix, ou d'agir contre l'auteur du trouble en appelant l'hôtelier en garantie, ou dénoncer le trouble à ce dernier et l'attaquer directement en dommages et intérêts. S'il est lui-même actionné par le tiers, il peut ou suivre l'instance et appeler l'auber-

---

(1) Guillouard, t. I. n. 167.

giste en garantie, ou lui dénoncer la poursuite et demander sa mise hors de cause ; dans ce dernier cas il peut aussi l'actionner directement en dommages et intérêts. Quant aux dommages et intérêts, ils peuvent consister ou en une diminution de prix (Article 1726), si le voyageur ne subit qu'une gène, ou une restitution dans ses droits, ou en une somme correspondante au préjudice, s'il est contraint d'abandonner les lieux loués par éviction ; ce préjudice sera calculé conformément aux règles que nous avons déjà indiquées plus haut (articles 1150 et 1151 du Code civil).

Passons maintenant à l'obligation pour l'aubergiste de fournir au voyageur, son locataire, la jouissance libre et entière de la chose : c'est la garantie des vices dont celle-ci peut être atteinte. C'est une nouvelle obligation dérivant de l'obligation générale d'assurer la jouissance ; elle est prévue par l'article 1721 du Code civil. « Il est dû garantie au preneur pour tous les vices ou défauts de la chose louée qui en empêchent l'usage, quand même le bailleur ne les aurait pas connus lors du bail. S'il résulte de ces vices ou défauts quelque perte pour le preneur, il est tenu de l'indemniser ». L'aubergiste est donc garant des vices qui affectent les lieux loués, qu'il les connaisse ou non lors du contrat d'hôtellerie. Cette garantie s'étend non seulement aux vices existant lors du contrat, mais même à ceux qui sont survenus depuis : on le comprend, puisque l'hôtelier est tenu de faire jouir librement le voyageur, non seulement au moment du bail, mais pendant toute sa durée. Toutefois, le tenancier d'auberge ne pourra jamais être tenu que des vices cachés de la chose, car, s'ils étaient apparents, au moment du contrat, le voyageur ne peut les ignorer, et en acceptant l'engagement, reconnait que la chose est propre, telle qu'elle est à l'usage auquel elle est destinée. En effet, ne donnent lieu à garantie que les vices de la chose « qui en empêchent l'usage », c'est-à-dire, dans la théorie générale, qui sont un obstacle absolu à cet usage, ou le rendent simplement moins commode (1).

Quelle sera la conséquence pour l'aubergiste de la découverte des vices de la chose? Le voyageur peut demander la résiliation du contrat et même des dommages et intérêts, si ces vices lui ont causé quelque perte. Les exemples de vices cachés, affectant les lieux loués, sont assez faciles à montrer ; ils sont les mêmes que dans le bail ordinaire. Ainsi donnerait lieu à résiliation, l'existence d'insectes nuisibles ou répugnants dans les lieux loués, tels que blattes, punaises ; le fait que la cheminée de la pièce occupée fume, à tel point qu'on n'y peut entretenir de feu ; l'humidité existant dans les lieux occupés, de telle sorte que le séjour peut être dangereux pour la santé ; l'emplacement des pièces près d'une écurie donnant une odeur tellement forte que les pièces sont inhabitables (2). Si par

(1) Il y a controverse sur ce point, les uns prétendent que donnent lieu à garantie les vices seuls qui empêchent complétement l'usage (AUBRY et RAU, GUILLOUARD); les autres y ajoutent ceux qui gênent seulement l'usage. (TROPLONG, MARCADÉ.)

(2) Voir Caen, 13 juillet 1885, SIREY, 86, 2, 31. — Amiens, 1er août 1888, SIREY, 89, 2, 39.

exemple l'humidité des lieux a, pendant le séjour du voyageur, amené une détérioration de ses effets, il aura droit, outre la résiliation, à une indemnité correspondante à la perte par lui éprouvée. Toutefois, l'hôtelier ne sera tenu à des dommages-intérêts de ce genre, que si le vice était antérieur au contrat. En effet, on ne peut lui imputer à faute celui qui surviendrait postérieurement, et il ne saurait alors encourir que la résiliation.

Comme l'article 1721 ne parle que de garantie, sans en indiquer les conséquences exactes, on en a conclu que l'article 1184 s'applique ici, et que le voyageur a le choix entre la résiliation avec dommages et intérêts, en cas de perte et la continuation du contrat, c'est-à-dire l'exécution. Dans ce dernier cas, l'article 1771 lui permet de se faire indemniser de la perte que lui a causé le vice de la chose. En quoi peut consister cette indemnité ? En général, on admet qu'elle sera une diminution du prix de bail (1), ici, du prix du contrat d'hôtellerie.

Enfin, dernier aspect de la sanction de l'obligation de l'aubergiste ; d'assurer au voyageur la jouissance libre et paisible des lieux loués. Il est garant de la perte totale ou partielle de ceux-ci ; article 1722, Code civil. « Si pendant la durée du bail, la chose louée est détruite en totalité, par cas fortuit, le bail est résilié de plein droit ; si elle n'est détruite qu'en partie, le preneur peut, suivant les circonstances, demander ou

____

(1) LAURENT, n. 120. — AUBRY et RAU, t. IV, p. 477 et n. 14. — GUILLOUARD, t. I, n. 123 et suivants.

une diminution du prix ou la résiliation même du bail. Dans l'un et l'autre cas, il n'y a lieu à aucun dédommagement ». Ce texte même nous montre clairement quelles vont être pour l'hôtelier les conséquences de la perte totale ou partielle des lieux loués. Le contrat d'auberge sera résilié de plein droit, ou pourra l'être, à moins que le voyageur ne préfère une diminution de prix. Mais jamais il n'y aura lieu à des dommages-intérêts contre l'aubergiste.

Ces règles ne sont exactes, ajoutons-le de suite, que si la perte totale ou partielle provient d'un cas fortuit ou de force majeure. C'est au juge qu'il appartiendra d'apprécier si l'on est bien dans le cas de la loi, sinon la résiliation pourra non seulement être encourue par l'hôtelier, mais encore il pourra être condamné à des dommages-intérêts vis-à-vis du voyageur, pour trouble apporté, par son fait, à la libre et paisible jouissance de ce dernier : cas qui rentre dans les hypothèses examinées plus haut. Il en sera autrement, toutefois, si la cause de la perte totale ou partielle est imputable, non au tenancier de l'auberge, mais au voyageur ; ce sera ce dernier qui encourra les dommages-intérêts au profit de l'hôtelier, comme nous aurons occasion de le voir (article 1732) (1). Les espèces de perte totale ou partielle des lieux loués par le voyageur sont fréquentes. La plus vraisemblable est celle d'un incendie, et, dans certaines régions, d'une inondation ou d'un écroulement ; les autres cas qui se présentent en pra-

(1) Voir LAURENT, t. XXV, n. 401.

tique pour le bail ordinaire, expropriation pour cause d'utilité publique, démolition forcée pour alignement, pour cause de vétusté, n'ont rien à voir ici, car l'hôtellier, dont l'immeuble sera exproprié ou devra être démoli, n'y louera que jusqu'à l'époque où il doit disparaître, et les voyageurs ne subiront aucune perte des lieux loués. Notons que le fait de la perte n'est pas seul à mettre en jeu la garantie. D'après certains auteurs, suivant en cela la théorie romaine, le danger imminent de perte suffirait pour autoriser à demander la résolution du bail ; par exemple : la crainte de la ruine des lieux loués (1).

Quant aux circonstances, qui aux termes de l'article 1722, permettent au cas de perte partielle de demander ou simplement une diminution de prix ou la résolution du contrat, elles ne sont pas en thèse générale, considérées comme laissées à l'appréciation du voyageur, mais bien plutôt à l'appréciation du juge. C'est lui qui décidera, si la perte est telle qu'elle puisse constituer un obstacle à l'usage de la chose, et par suite, motiver la résolution ; c'est lui qui verra, si au contraire l'évènement n'a d'autre effet que de causer une gène dans l'emploi des lieux loués et par suite d'en diminuer la valeur, ce qui aura pour contre-coup la diminution du prix. L'option appartient au magistrat, non au preneur.

____

(1) Duvergier, n° 327. — *En droit romain*, fg. 27, § 1. Locat. conduct.

§ IV. — Prestations des services d'usage dans le contrat d'auberge

L'aubergiste doit fournir au voyageur les soins et prestations convenues ou d'usage. Dans ce but, il mettra à la disposition de ce dernier son personnel, dans la mesure nécessaire. A défaut d'accord précis, les services à fournir seront ceux qu'un voyageur est en droit d'exiger normalement d'un hôtelier, comme de cirer journellement les chaussures du voyageur, de refaire son lit, de renouveler l'eau nécessaire aux ablutions journalières, de nettoyer et débarrasser la pièce occupée par le voyageur des détritus et ordures qu'elle peut contenir à la suite du séjour de ce dernier. Le voyageur peut au surplus convenir d'autres services, que ceux ordinaires et d'usage. Les obligations de l'hôtelier seront alors réglées par la convention à laquelle il faudra se reporter pour les connaître. Ainsi, le voyageur malade stipulera de l'aubergiste des soins spéciaux tenant à son état. Mais à défaut de convention, celui-ci serait-il tenu à lui fournir des services particuliers ? Juridiquement non. L'hôtelier n'est tenu que dans les limites de la convention d'hôtellerie et rien de plus ; or celle-ci, normalement, ne comprend pas les services qu'on est en droit d'exiger dans un hôpital ou une maison de santé. Sans doute, l'humanité l'emportera le plus souvent sur le droit strict, et l'aubergiste soignera son client malade sans protester ; très souvent aussi, d'autre part, lorsque le voyageur tombera malade, il interviendra entre l'hôtelier et lui une convention complétive du contrat initial dans laquelle les services spéciaux, nécessités par la maladie, seront arrêtés. Mais à défaut de l'esprit d'humanité chez l'hôtelier, et d'accord spécial, celui-ci ne sera pas tenu de fournir à son hôte ce genre de services. On devra même décider, que si le voyageur est transportable, l'aubergiste aura le droit de le faire mener à l'hôpital de l'endroit. En effet d'une part, cette maladie peut avoir des inconvénients pour les personnes de l'hôtel, notamment, si elle est contagieuse, et le voyageur enfreint l'obligation par lui contractée en vertu de la convention d'hôtellerie de n'user de la chose que suivant sa destination, laquelle n'est pas de servir de chambre d'hôpital; dans ce cas le contrat est, comme nous le verrons, résiliable.

Entre autres obligations, la convention d'hôtellerie donne encore à l'hôtelier la charge de recevoir les papiers, lettres et tous objets mobiliers qu'on apporte chez lui pour son hôte et de les lui remettre très exactement.

Signalons à ce propos, une décision jurisprudentielle unique, qui fait dériver cette obligation d'un mandat contrairement à la théorie générale, qui la considère, comme rentrant dans le louage de services.

Cette décision est très intéressante. Si elle était admise, en dehors des règles précédemment exposées, pour la réglementation des rapports entre aubergiste et voyageur, il pourrait y avoir des règles particulières à appliquer, en raison de la nature du mandat.

La première décision est un arrêt de la Cour de Nancy, du 7 juillet 1849, relative à la réception par un hôtelier d'un exploit d'huissier pour le compte d'un voyageur descendu chez lui. Il déclare cette réception valable au point de vue légal, en considérant l'hôtelier comme un serviteur au sens de l'article 68 du Code de Procédure criminelle; ce mot signifiant, non seulement les domestiques, mais encore ceux qui doivent des services à la personne recherchée. Il constate, qu'entre l'aubergiste et le voyageur, il s'établit une convention qui oblige le premier envers l'autre, à différents services, qui constituent précisément l'hospitalité qu'il fournit, pour recevoir le salaire; que la nécessité souvent, l'équité et l'usage toujours, étendent cette obligation de services contractée par l'aubergiste, au fait de recevoir, de remettre exactement les objets mobiliers qu'on apporte chez lui pour son hôte, surtout, quand ces objets peuvent être d'une importance urgente et grave comme des lettres et des papiers. Cet arrêt appuie d'une façon évidente sa thèse sur le louage de services et non sur le mandat (1)

Nous passons sous silence une décision similaire de la Cour de Montpellier (2).

Au contraire, un jugement plus récent du Tribunal de la Seine, daté du 7 mai 1869 (3), considère sans discussion et sans argumentation aucune, les aubergistes comme des mandataires, en ce qui concerne la récep-

(1) Nancy, 7 juillet 1849. SIREY, 50. 2. 52.
(2) Montpellier, 7 juillet 1848. SIREY, 50. 2. 52.
(3) Trib. Seine, 7 mai 1869. SIREY, 69. 2. 336.

tion et la remise de la correspondance des voyageurs.

La jurisprudence est donc incertaine, mais dans son dernier état, elle se rattache exclusivement, et sans paraître formuler le moindre doute, sur sa théorie à la base du mandat.

Remarquons que les partisans de cette opinion considèrent en quelque sorte comme forcé, le mandat de l'aubergiste. Il dérive selon eux, autant de la profession que de la convention.

Les hôteliers sont par leur position des intermédiaires forcés et passifs des rapports entre les voyageurs et les tiers. Contrairement aux règles générales du mandat conventionnel, (article 2003), ils ne pourraient renoncer à ce mandat.

Cette théorie a le tort de confondre le louage d'ouvrage avec le mandat.

Le louage d'ouvrage consiste dans l'obligation de faire une chose moyennant un prix. Le mandat peut, il est vrai, être salarié. Mais celui qui loue son travail agit en son nom ; les actes qu'il fait émanent de sa volonté ; il n'emprunte pas pour les accomplir la capacité d'autrui. Au contraire, le mandataire agit au nom du mandant. C'est la capacité et la volonté du mandant, qui donnent force à ses actes.

Comment prétendre que l'hôtelier, lors de la réception des objets apportés par le voyageur, agit au nom de ce dernier, puisqu'il est dans l'impossibilité de donner décharge d'une lettre chargée, voir même recommandée (1).

(1) Article 630. Instruction générale des postes.

Selon nous, l'aubergiste qui reçoit des objets apportés pour le voyageur n'est pas son mandataire, il n'emprunte pas sa capacité ; ce fait rentre dans les services d'hospitalité qu'il lui fournit, moyennant salaire.

Le voyageur pourrait donner à l'aubergiste mandat exprès pour tel ou tel acte ; par exemple de le représenter en justice.

Dans cette hypothèse, nous sortons des obligations qu'impose à l'hôtelier la convention d'hôtellerie, et ses rapports avec le voyageur seront réglés par les règles ordinaires du mandat.

Quelle sera la sanction du défaut de prestation par l'hôtelier des services convenus ou d'usage ?

Nous ne croyons pas utile d'insister longuement sur ce point. Cette obligation sera sanctionnée, tantôt par des dommages-intérêts, parfois même, par la résolution du contrat d'auberge, selon la libre appréciation du juge.

V. — Responsabilité de l'hôtelier.

(Du dépôt d'auberge.)

Aux termes de l'article 1952, « les aubergistes ou hôteliers sont responsables comme dépositaires des effets apportés par le voyageur qui loge chez eux. Le dépôt, de ces sortes d'effets, doit être regardé comme nécessaire ».

L'assimilation du dépôt d'auberge au dépôt nécessaire a pour conséquence, de lui rendre applicable la disposition de l'article 1950 relative à la preuve testimoniale. Rejetée pour le dépôt volontaire, elle est admise indéfiniment pour le dépôt nécessaire : en l'espèce donc, pour notre dépôt d'auberge, et sous les réserves que nous étudierons plus loin.

Cette assimilation ne concerne d'ailleurs que la preuve. Le dépôt d'auberge diffère sensiblement du dépôt nécessaire. Ce dernier suit, en effet, les règles du dépôt volontaire dont il n'est qu'une variété. Il est, comme lui, essentiellement gratuit, et tout dans l'intérêt du déposant.

Le dépôt d'auberge est, au contraire, salarié, car il est bien certain que le prix du contrat d'auberge comprend pour partie le prix du dépôt. Il en résulte, qu'il nous faudra appliquer à l'aubergiste la disposition de l'article 1928, qui aggrave la responsabilité du dépositaire salarié.

Après cet exposé de la nature du dépôt d'auberge, voyons les obligations qui en résultent pour l'hôtelier.

Comme dépositaire, obligé à la garde fidèle des objets déposés par le voyageur, l'hôtelier ne saurait s'en servir sauf permission contraire. Il ne doit pas non plus chercher à connaître les choses déposées, si elles lui ont été remises dans un coffret fermé ou sans enveloppe cachetée (article 1931), en général lorsque le voyageur a voulu les tenir cachées.

L'aubergiste doit encore restituer les objets déposés dans leur identique individualité à la première réquisition du voyageur, article 1932. Aux termes mêmes de la loi, l'argent déposé entre les mains de l'hôtelier devrait être rendu par lui au client, dans les mêmes espèces de monnaie qu'il a été fait. Toutefois, il est bon de noter que, la plupart du temps, ce dépôt d'argent sera fait à titre de dépôt irrégulier, et qu'il importera peu au voyageur que l'hôtelier lui restitue d'autres espèces, dès qu'elles représentent la valeur qu'avaient celles qu'il a déposées. Quant à la restitution, elle doit avoir lieu dans l'état où se trouve la chose, au moment où elle est rendue, sauf détérioration survenue, par la faute de l'aubergiste (article 1933). En outre, cette restitution ne doit être effectuée par lui, qu'au voyageur en personne, ou à celui que ce dernier aura indiqué pour la recevoir (article 1931). Cette idée a des conséquences ; il en résulte que l'hôtelier ne peut pas exiger du voyageur la preuve qu'il est propriétaire des objets déposés (article 1938, alinéa 1), sauf pourtant le cas de vol découvert par l'hôtelier. Alors, en effet, d'après l'article 1938, alinéa 2, il doit dénoncer le dépôt au véritable propriétaire, s'il le connaît, avec sommation de le réclamer dans un délai déterminé et suffisant. Si, passé ce délai, le propriétaire n'est pas apparu, il a le droit de le restituer au déposant, c'est-à-dire, au voyageur dont il l'a reçu.

Il faut également accepter le cas, où le véritable propriétaire aurait formé une opposition entre les mains de l'hôtelier : alors article 1944, il ne doit pas restituer au voyageur au mépris de cette opposition. Enfin, notons avec le texte du Code civil (articles 1940 et 1941), (quoique le cas soit peu pratique dans notre matière), que l'hôtelier peut être obligé de restituer à d'autres qu'au déposant, si celui-ci a changé d'état durant son séjour à l'auberge ; par exemple, le voyageur était une femme, qui, au moment du dépôt, était libre et s'est mariée durant son séjour à l'hôtel ; ou bien le déposant a été pendant son séjour dans l'établissement frappé d'interdiction ; ou encore le dépôt a été fait par le tuteur, le mari ou un administrateur, du voyageur mineur, femme mariée, pourvu d'un conseil judiciaire, et l'incapacité a cessé durant le séjour ; dans ces divers cas, le dépôt devra être restitué soit au mari, soit au tuteur de l'interdit, soit à l'ex-mineur, à l'ex-femme mariée, à l'individu anciennement pourvu d'un conseil judiciaire.

Enfin, dernière hypothèse, le voyageur est mort à l'auberge : les objets déposés par lui devront être rendus et ne pourront l'être qu'à ses héritiers, qui devront justifier à l'hôtelier de leur qualité. L'article 1939 ne fait ici qu'une application des principes généraux.

Telles sont les obligations qui résultent pour l'hôtelier du dépôt d'auberge.

Il nous reste à étudier maintenant leur sanction, c'est-à-dire la responsabilité de l'hôtelier dépositaire. Nous allons le faire en examinant successivement :

A. — Ses causes.

B. — Son étendue.

C. — Sa limitation.

D. — Les exceptions qui ont été apportées par la loi du 18 avril 1889.

A. — *Causes de responsabilité.*

Le voyageur a apporté des effets dans l'hôtel. Par le seul fait de cet apport, le dépôt nécessaire existe et la responsabilité peut naître. Elle ne naîtra que si l'aubergiste, contrairement à son obligation de dépositaire, ne restitue pas intacts les effets du voyageur à première réquisition, soit que les effets aient été perdus, enlevés, ou détériorés. Les causes, qui mettent en jeu la responsabilité de l'hôtelier, seront donc celles qui entraîneraient la perte, la disparition ou la détérioration des effets du voyageur. Les faits de ce genre peuvent être multiples. Au point de vue de la mise en jeu de la responsabilité, il faut cependant distinguer, entre les faits de perte ou de détérioration qui seront le résultat d'un cas fortuit ou de force majeure et tous autres. L'aubergiste est déchargé de toute responsabilité, lorsque l'événement est le résultat d'un cas fortuit ou de force majeure : c'est d'ailleurs l'application du principe qu'en matière contractuelle le cas fortuit libère le débiteur (article 1148). La responsabilité de l'hôtelier n'aura donc jamais de cause que dans un fait dépendant pour une portion quelconque d'une volonté humaine. Il nous reste à voir, pour compléter cette idée, quels faits volontaires vont mettre en jeu la responsabilité de l'hôtelier.

Aux termes de l'article 1953, l'aubergiste est responsable du vol ou dommage des effets du voyageur, soit que le vol ait été fait ou que le dommage ait été causé par les domestiques et préposés ou par des étrangers allant et venant dans l'hôtellerie.

La surveillance que doit exercer l'aubergiste serait illusoire, si elle ne s'étendait pas aux allant et venant dans l'hôtellerie. La responsabilité du fait des domestiques et préposés est de droit commun. Aux termes de l'article 1384, le maître répond, même en dehors d'un lien contractuel, du dommage causé par ses domestiques ou préposés, à plus forte raison doit-il en répondre si ceux-ci contreviennent aux obligations qu'il a prises par contrat.

Il n'est pas nécessaire, croyons-nous, d'insister sur la définition des termes « domestiques ou préposés » employés par la loi. Ils ont le même sens que dans l'article 1384 et signifient les personnes employées par l'aubergiste au service de son établissement.

Mais il faut, bien entendu, que le dommage ou le dol provienne du domestique ou préposé de l'aubergiste pour que ce dernier soit responsable. Il ne le serait plus s'ils provenaient du domestique du voyageur (1).

Mais doit-on limiter la responsabilité de l'hôtelier, comme celle du commettant ou du maître, au dommage causé par le préposé ou domestique dans l'exercice de ses fonctions ? La question paraît avoir peu préoccupé les auteurs. Seul M. Sourdat, cependant, semble partisan de la restriction dans la mesure de l'article 1384, quoique la trouvant un peu subtile,

____

(1) Sourdat, T. II, n° 965.

Nous ne saurions nous ranger à cette opinion. Sans doute, l'article 1953 n'est qu'une application de l'article 1384, mais c'est aussi un texte spécial, édictant des règles particulières qui sont plus étendues que l'article 1384. Il est général, et il faut considérer l'hôtelier comme responsable, quel que soit le moment où le domestique ou préposé a agi. Il y aurait là un cas d'exonération de responsabilité, souvent par trop fantaisiste et injuste. La jurisprudence est d'ailleurs fixée dans ce sens (1).

L'article 1953 rend encore l'aubergiste responsable du vol ou dommage causé aux effets du voyageur par les étrangers allant et venant dans l'hôtellerie.

Au sens le plus ordinaire, ces mots signifient toute personne qui n'est pas domestique ou préposé, qui passe dans l'hôtel pour un motif quelconque ou même sans motif. Certains auteurs ont prétendu que ces termes ne pouvaient s'appliquer qu'à des voyageurs reçus dans l'auberge et non à des personnes qui s'y seraient introduites (2). Cette théorie est généralement rejetée ; elle est contraire aux motifs de la disposition légale, telle qu'elle ressort des travaux préparatoires (3). On peut d'ailleurs argumenter, à titre confirmatif, de la jurisprudence de notre ancien droit auquel cette disposition a été empruntée (4).

La responsabitité de l'aubergiste peut être écartée

---

(1) Cass. Crim., 30 août 1860. DALLOZ, 1860, 1, 518.
(2) MALLEVILLE.
(3) LAURENT, T. XXVII, n° 41. — AUBRY et RAU, T. IV, § 406, note 7.
(4) Arrêts du Parlement de Paris, 30 janvier 1675 et 22 février 1780, cités par SOURDAT, T. II, n° 942.

s'il prouve qu'il n'a pu empêcher le fait des étrangers lorsque le vol a été commis dans des circonstances propres à déjouer la surveillance et les mesures de précautions auxquelles il est tenu (1). C'est la règle ordinaire en matière de responsabilité du fait d'autrui. La loi n'y a apporté d'exception que pour les commettants et les maîtres.

B. — *Étendue de la responsabilité,*

Quant aux personnes.

La responsabilité de l'article 1952 ne s'applique qu'aux seuls aubergistes.

Il faut donc se rappeler ici, pour connaitre son étendue quant aux personnes responsables, la définition que nous avons donnée au début de cette étude de l'aubergiste ou l'hôtelier. Ce sera seulement, lorsque les objets en question auront été apportés chez une personne qui fait profession de loger habituellement les voyageurs, que le texte s'appliquera. Aussi, la jurisprudence a-t-elle écarté avec raison de la règle spéciale et rigoureuse, les personnes qui louent des garnis, sans en faire profession (2). Elle a décidé en outre, que les dispositions de l'article 1952 sont exeptionnelles et ne peuvent être étendues aux cafetiers,

(1) Paris, 14 décembre 1881. SIREY, 82, 2, 219.
(2) CURASSON. — *Compétence des juges de paix*, T. I, p. 274. — (Nimes, 18 mai 1826. SIREY chronologique. — Cass. 3 novembre 1827. SIREY chronologique.) — Cass., 20 décembre 1849, DALLOZ, 1850,5,39. — SOURDAT. *Resp.*, T. II, n° 934.

restaurateurs, directeurs de théâtre et d'établissements de bains. Leurs établissements sont, il est vrai, ouverts au public, mais ces personnes ne rentrent pas dans la catégorie des aubergistes ou hôteliers (1) prévue par l'article 1952 du Code Civil.

Partisan de l'interprétation restrictive du texte formel de l'article 1952 du Code Civil, nous regrettons vivement que la loi n'ait pas cru devoir assimiler aux aubergistes, les cafetiers, restaurateurs, directeurs de théâtre et d'établissements de bains, car, selon nous, les dépôts faits, dans ces divers établissements, participent au même degré de nécessité relative que les dépôts faits dans les hôtelleries.

Le consommateur, qui apporte dans un café ou dans un restaurant, soit des effets, soit des objets de valeur, n'a pas toujours, quoiqu'en pense M. Guillouard (2), la facilité de les surveiller. Si le rôle du tenancier de l'établissement est de fournir des boissons et des aliments, il ne saurait se désintéresser de la garde des objets apportés chez lui, et dont il a le plus souvent sollicité le dépôt par les porte-manteaux, mis à la disposition de la clientèle, qu'il attire, par le confort de son établissement.

On ne saurait non plus nier, au dépôt de manteaux fait au vestiaire d'un théâtre, la qualité de nécessaire : il ne peut être fait ailleurs. Ce n'est pas un service gratuit, et le directeur de théâtre ne l'organise que

---

(1) Cass. 26 Janv. 1875. — DALLOZ, 75.1.219.
(2) GUILLOUARD. — *Du Dépôt et du séquestre*, p. 419.

comme conséquence et accessoire indispensable de son entreprise théâtrale.

Le Tribunal de la Seine confirmait, en 1888, cette théorie et reconnaissait le caractère nécessaire de ce dépôt (1).

Quoique basée sur des raisons très sérieuses, cette jurisprudence ne prévalut pas en présence des textes légaux formels. En 1898, le tribunal de la Seine revenait à la théorie jurisprudencielle ancienne, se refusant à étendre à ce dépôt les règles de l'article 1952 (2).

Le dépôt fait par les baigneurs présente aussi le même caractère de nécessité que le dépôt d'hôtellerie. Le baigneur doit déposer au moment du bain ses effets, bijoux et ne peut faire ce dépôt que dans l'établissement de bains ; il est donc, selon nous, aussi nécessaire que celui du voyageur.

Notons enfin, comme application de la notion de l'étendue de la responsabilité de l'hôtelier, l'hypothèse récente et pratique de la Compagnie internationale des wagons-lits. On sait que cette entreprise a pour but de procurer, moyennant finance, de plus larges commodités aux voyageurs des chemins de fer, et spécialement de leur procurer, grâce à l'installation nouvelle, un lit pour passer la nuit et un cabinet de toilette pour les ablutions journalières. Durant les voyages, les passagers déposent dans les voitures ainsi aménagées de

______

(1) Tribunal de la Seine. 5 janv. 1888. *Gaz. Pal.*, 88.1.427.

(2) Trib. Seine, 26 déc. 1898, *Revue des justices de paix*, dirigée par M. JACQUEY, professeur à la Faculté de droit de l'Université de Lille. Année 1899, p. 390.

la Compagnie, leurs effets, tout comme à l'hôtel, quand ils y pénètrent. Ces voyageurs sont donc en quelque sorte logés, abrités dans les wagons-lits, aussi bien que dans une auberge.

Lorsqu'ils sont victimes d'une perte ou avarie à leurs effets, peuvent-ils considérer le dépôt qu'ils ont fait comme un dépôt d'auberge entrainant la respon sabilité que nous examinons ? La question s'est posée récemment en pratique et des voyageurs ont invoqué contre la Compagnie internationale des wagons-lits, la responsabilité de l'aubergiste et non celle du voiturier.

Cette prétention a été rejetée, et à juste titre, par les tribunaux. Citons, en ce sens, de forts intéressants jugements, très sérieusement motivés du tribunal civil de Nice, en date du 14 février 1892, et du tribunal civil de la Seine, des 14 mai et 25 novembre 1892.

La première décision déclare que « si les voyageurs, que la Compagnie des wagons-lits reçoit dans ses voitures, s'y trouvent, sous certains rapports, dans les conditions où ils seraient dans une hôtellerie, sa situation cependant ne peut être assimilée à celle d'un hôtelier. Qu'elle en diffère notamment, en ce point important, que chaque voyageur, au lieu d'occuper comme dans un hôtel une pièce séparée, partage la cabine où il prend place avec une ou plusieurs personnes ; que la Compagnie n'est point à même de connaître la moralité des voyageurs, qui sont ainsi accidentellement réunis ; qu'elle ne peut davantage exercer sa surveillance sur les actes qu'ils accomplissent dans l'intérieur de leur compartiment pendant le voyage ; qu'elle ne peut donc être responsable du vol qu'à pu commettre l'un d'eux, au préjudice de ses compagnons de route ».

Les jugements du Tribunal de la Seine contiennent une argumentation encore plus serrée. Bornons-nous à citer celui du 14 mai 1892, dont l'autre n'est qu'une amplification.

« Attendu, dit ce jugement, qu'une auberge est une maison où le voyageur, qui s'arrête dans une localité quelconque, en vue d'y séjourner plus ou moins long-temps, peut trouver, moyennant argent, logement et nourriture ; qu'il n'a pu y avoir d'autre sens pour les auteurs du Code Civil, qui étaient loin de prévoir les progrès scientifiques, industriels et économiques, et ne pouvaient se douter qu'il existerait un jour des voitures aménagées de telle sorte qu'on pourrait tenter de les identifier à des auberges.

» Attendu que la Compagnie internationale des wagons-lits, en traitant avec les compagnies de chemin de fer, n'a pas eu la pensée de faire circuler sur des voies ferrées des auberges roulantes, mais seulement des voitures meilleures, où les voyageurs riches trou-veraient certains avantages, et notamment ceux de pouvoir se coucher dans un lit muni de draps et couvertures, d'avoir la jouissance des cabinets de toilette, de water-closets, etc......

» Attendu de ce qu'il existe entre le wagon-lit, tel qu'il est aménagé et surveillé, des analogies avec l'auberge d'ordre inférieur où il existe des chambres à plusieurs lits, il ne s'en suit nullement qu'il y ait identité entre le wagon-lit et l'auberge, entre la Compagnie dés wagons-lits et l'aubergiste, identité qui devrait être complète et absolue, pour que les articles 1952 et suivants fussent applicables.

» Qu'il suffit qu'il existe des différences entre eux, pour que ces articles doivent être écartés.......»

Cette argumentation de la jurisprudence nous paraît inattaquable. Signalons toutefois qu'elle aboutit à un système inverse à celui qui était appliqué dans notre ancien droit. On trouve, en effet, de nombreuses décisions jurisprudentielles, qui assimilent les « maitres de coches » à l'hôtelier au point de vue de la responsabilité (1) ; or, les coches n'étaient autres que les voitures publiques, tout comme les chemins de fer. On peut remarquer d'ailleurs, que cette divergence est motivée, car le législateur moderne a établi une responsabilité différente pour le voiturier, tandis que l'ancien droit soumettait voiturier et aubergiste au même régime. D'autre part, les articles 1952 et suivants n'ont été édictés qu'en faveur des voyageurs seulement, c'est-à-dire, selon notre définition originaire de ceux qui descendent dans l'établissement pour y loger. Aussi, a-t-on décidé avec raison, que l'aubergiste, dans l'hôtel duquel des commerçants ont loué des magasins à l'année et une chambre comme bureau, n'est pas responsable du vol commis dans ce bureau, car ceux-

(1) Voir Du Rousseaud. — Recueil de jurisprudence civile des pays de droit écrit et coutumier. 1746 V° *Hostelier*, p. 323 et V° *Coches*, p. 91 et les arrêts cités.

ci ne sont pas des voyageurs (1). La question a été cependant discutée par les auteurs; elle porte principalement sur la notion du voyageur. Pour les uns tout habitant d'une auberge est un voyageur, et dans le cas sus-indiqué, les commerçants sont des voyageurs; pour d'autres, au contraire, et avec justesse selon nous, le voyageur n'est que celui qui vient chercher un abri momentané dans l'éta''ssement, sans s'y installer à demeure (2). On trouve des traces de cette controverse dans les arrêts de justice. C'est ainsi que le tribunal d'Agen, le 16 mai 1890, considère à tort, dans notre opinion, comme voyageur, un engagé conditionnel d'un an, qui durant son service militaire, va chez un hôtelier prendre ses repas, passer ses heures de loisir, y déposer ses vêtements, livres et papiers (3). D'ailleurs, ce qui semble bien caractériser dans l'esprit jurisprudentiel, le voyageur comme un passager qui loge, c'est qu'après avoir commencé par appliquer la responsabilité spéciale, même si le voyageur n'a pas séjourné dans l'hôtel (4), elle a fini par décider, qu'elle n'était au contraire pas applicable, quand les voyageurs déposaient leurs effets à l'hôtel sans y loger (5).

Quant aux objets.

L'hôtelier est responsable, dit la loi, des effets du voyageur. Nous avons déjà indiqué le sens de ce mot « effets »; ce sont les effets que le voyageur porte sur

<hr>

(1) Angers, 15 juillet 1857. DALLOZ, 57, 2, 167.
(2) Voir à cet égard LAURENT, T. XXVII, n. 152.
(3) Agen, 16 mai 1890. *Gazette des Tribunaux*, 21 juin 1890.
(4) Rennes, 26 décembre 1883. DALLOZ, 1838, 2, 198.
(5) Seine, 20 septembre 1883. *Gazette du Palais*, 84, 1, 93.

lui ou avec lui; on le considère à juste titre, comme
une expression générique qui comprend les marchandises, les animaux et tous autres objets (1). La responsabilité s'étend non seulement aux vêtements et linge,
mais à l'argent que le voyageur est présumé, d'après
sa position sociale et les circonstances de la cause,
avoir conservé sans imprudence en sa possession, de
même aux valeurs mobilières, aux bijoux (3). Mais
insistons sur cette idée, que cette responsabilité a lieu
suivant les circonstances de la cause, nous aurons à
voir, spécialement avec les cas d'extinction ou d'exonération de cette responsabilité, si certains faits d'imprudence ou fautifs du voyageur ne sont pas susceptibles
de la détruire ou de la réduire.

Enfin, notons, que la responsabilité de l'aubergiste
s'étend aussi bien aux effets qui ont été apportés à
l'hôtel qu'à ceux qui lui ont été remis. La remise entre
ses mains n'est pas nécessaire, leur apport dans
l'établissement suffit, même ignoré du tenancier (3) et
cela doit s'entendre, non seulement du placement des
objets dans l'appartement du voyageur, mais dans
une partie quelconque de la maison avec ses dépendance (4). En tout cas, si l'entrée des objets dans

(1) Besançon, 21 mai 1859, DALLOZ, 59. 2. 166. — Lyon, 23 décembre
1865, DALLOZ, 66, 3. 40. — SOURDAT, *De la Responsabilité*, T. II, p. 174.

(2) Paris, 7 mai 1838, DALLOZ, 38. 2. 157. — Paris, 26 décembre 1838,
DALLOZ, 39. 2. 32. — Bordeaux, 27 avril 1854, SIREY, 55. 2. 95. —
LAURENT, T. XXVII, n° 155, p. 478.

(3) LAURENT, T. XXVII, n. 160, p. 184. — SOURDAT, T. II, p. 170
n. 441. — Voir, outre les arrêts, la note 1, Paris, 14 décembre 81,
SIREY, 82. 2. 219.

(4) BOURBEAU, *Justice de paix*, n° 110, p. 208.

l'établissement suffit, elle est tout au moins nécessaire.
Ainsi, la responsabilité ne s'étend pas aux objets sortis
de l'hôtel ou qui n'y sont pas encore déposés (1). La
question peut cependant soulever des difficultés, lorsqu'il s'agit d'objets placés nécessairement par les
voyageurs en dehors, mais à proximité de l'hôtel, faute
de place pour les loger. La responsabilité de l'aubergiste s'y étend-t-elle? En un mot, peut-on considérer
ces objets comme apportes dans l'établissement par le
voyageur? La controverse existe entre les auteurs.
Pour les uns, on n'est pas dans les termes de l'article
1952, et c'est un texte exceptionnel d'interprétation
stricte; l'aubergiste ne sera alors responsable que dans
les termes du droit commun, ou même ne sera pas
responsable du tout, le voyageur étant tenu de veiller
lui-même aux objets qu'il laisse dehors (2). Pour les
autres, on doit considérer les lieux adjacents de l'hôtel
comme soumis naturellement à la surveillance de
l'aubergiste, surtout, quand le voyageur est forcé, par
l'exiguité du lieu de laisser les objets à proximité (3).

On peut répondre à cette argumentation, que l'aubergiste ne peut être considéré comme ayant reçu en
dépôt des objets qui restent forcément sur la voie
publique, sur un terrain en dehors de son domaine, où
sa vigilance ne peut s'exercer comme dans la maison :
qu'au surplus, le voyageur, trouvant l'auberge pleine

(1) Paris, 30 avril 1850, DALLOZ, 50. 2. 170.
(2) SOURDAT. — T. II, n° 955.
(3) AUBRY et RAU. — T. IV, § 406, n° 6. — LAURENT, T. XXVII,
n° 161, p. 184.

ou trop exigue pour ses effets, pouvait aller ailleurs ou sinon exercer lui-même une surveillance, qui ne saurait rentrer dans les obligations ordinaires de l'aubergiste (1). La jurisprudence semble avoir étendu à cette espèce la responsabilité de l'aubergiste. C'est ainsi qu'elle a déclaré celui-ci tenu du vol commis dans une voiture laissée forcément à l'extérieur de sa maison par un voiturier logé chez lui, ou de l'incendie survenu à cette voiture (2). Remarquons cependant qu'il s'agit toujours d'un objet laissé forcément hors l'auberge. La jurisprudence a probablement considéré, qu'étant donné cette nécessité, l'aubergiste, qui la connaît, se charge implicitement de la chose, comme si elle était déposée chez lui. Elle donnerait peut-être une autre décision dans le cas contraire.

On notera que l'étendue de la responsabilité de l'aubergiste, quant aux effets du voyageur, est plus grande que dans notre ancien droit, où l'hôtelier, dans une opinion d'ailleurs très discutée, n'était responsable que si le dépôt avait été effectué entre ses mains. Il ne saurait y avoir de doute sur cette étendue : une proposition conçue dans les termes de l'ancien droit fut en effet, lors de la confection des articles 1852 et suivants, repoussée par le Tribunat. Aussi l'avons-nous vue acceptée par la majorité des auteurs et la jurisprudence.

(1) SOURDAT. — Loc. cit.
(2) Paris, 14 mai 1839. SIREY, 39.2.264. — Amiens, 4 décembre 1846. SIREY, 47.2.238. — Limoges, 23 décembre 1847. PAND. frc. 48.1.465.

C. — *Limitation de la responsabilité.*

La responsabilité de l'aubergiste, quoique très étendue, n'est généralement pas considérée comme illimitée. Il y a d'abord de ces cas certains, depuis la loi du 18 avril 1889, qui constituent des exceptions au principe. Nous les verrons dans un paragraphe spécial. Mais en dehors des hypothèses particulières de la loi nouvelle, faut-il tenir l'aubergiste pour responsable des effets apportés par le voyageur sans aucune limitation ni condition ? Dans une première opinion, qui est celle de la majorité des tribunaux et des auteurs (1), la responsabilité n'est pas sans limites. L'article 1348 du Code civil consacre une exception en matière de preuve du contrat d'hôtellerie parce que c'est un dépôt nécessaire, le tout, dit ce texte, suivant la qualité des personnes et les circonstances du fait. On argumente de cette phrase pour en conclure que, si la qualité des personnes et les circonstances montrent que les objets apportés excèdent de beaucoup ce que les voyageurs sont, suivant leur condition, dans l'usage de porter avec eux, il n'y a plus de dépôt nécessaire, ni application de la responsabilité rigoureuse des articles 1952 et suivants. On invoque également en ce sens les travaux préparatoires, le rapport au Tribunat sur l'article 1952, ainsi conçu : « Il a paru beaucoup trop rigoureux d'assujettir les aubergistes ou hôteliers, sans distinguer

____

(1) Aubry et Rau, T. IV, § 406, n. 10. — Sourdat, De la responsabilité, T. II, n⁰ˢ 948 et suiv.

aucune circonstance et sans excepter aucun cas, à la responsabilité de tout ce que le voyageur aurait apporté chez eux, même quand ce serait des objets du plus léger volume et du plus grand prix et quand même le voyageur n'aurait prévenu personne. Cette extrême rigueur deviendrait parfois une extrême injustice, et comme il est impossible que la loi prévoie ces différents cas, elle doit se contenter d'établir le principe général et doit laisser le reste à l'arbitrage du juge (1). C'est par application de cette théorie que l'on a déclaré l'aubergiste non responsable de valeurs considérables apportées par le voyageur et non déclarées par lui. « Attendu dit un arrêt (2), que la responsabilité ne peut s'étendre qu'aux effets que les voyageurs portent avec eux pour la nécessité du voyage, qu'elle ne peut être illimitée et garantir toutes les valeurs qu'il plairait aux voyageurs de porter sur eux; que d'ailleurs elle doit être restreinte dans les termes ou raisonnablement on peut croire que les aubergistes consentiraient à l'accepter. » On peut rapprocher de cet arrêt d'autres décisions écartant la responsabilité de l'aubergiste, si les sommes perdues ou volées dépassent celles dont il est présumé avoir accepté la charge en égard à la position sociale du voyageur et à la tenue habituelle de son auberge (3).

Cette théorie a pourtant été vivement combattue par

(1) Locré, T. VII, p. 235.
(2) Paris, 21, Nov. 1836. Sirey, 37, 2, 78.
(3) Rouen, 4 février 1847, Dalloz, 47, 2, 74. — Paris, 29 août 1844, Dalloz, 46. 2. 84. — Paris, 23 mai 1863, Gaz. Trib., 24 mai 1863, — Cass., 4 Juin 1872, Dalloz, 73. 1. 24 et 11 Juin 1872, Dalloz, 73. 1. 120.

M. Laurent (1) au nom des textes. « L'article 1952,
dit-il, rend l'aubergiste responsable des effets apportés
par le voyageur sans limitation aucune et sans condition
et l'article 1953 qui applique la responsabilité au vol
et au dommage est tout aussi général. La restriction
qui n'est pas dans le texte résulte-t-elle peut-être des
principes qui régissent la matière ? Le voyageur est
libre de transporter avec lui tels effets qu'il veut :
lui seul peut apprécier ses convenances, son intérêt.
Ces considérations sont tout à fait étrangères à
l'aubergiste. A son égard il n'y a qu'une chose à voir :
les effets sont-ils entrés dans l'auberge ? Quelle est leur
valeur ? Ont-ils été volés dans l'auberge ? Si les faits
qui engendrent la responsabilité sont établis, celle-ci
est encourue et elle est naturellement en la proportion
du dommage causé, c'est-à-dire de la valeur des effets ».

Cette opinion a été un moment celle de la Cour de
Cassation (2).

On ne saurait nier la valeur des arguments de texte
de M. Laurent : en effet l'article 1348 invoqué dans la
première opinion, n'est point le siège de la matière
de la responsabilité des aubergistes, il ne s'en occupe
même pas ; il est simplement relatif à la preuve du
dépôt d'hôtellerie qu'il assimile sur ce point au dépôt
nécessaire, avec quelques réserves. Ces réserves ne
concernent que la preuve et non la responsabilité.
Cependant, il est souvent nécessaire de compléter les
unes par les autres les dispositions du Code. Or, il

(1) LAURENT, T. XXVII, 156.
(2) Voir Cass. 11 mai 1846. SIREY, 46. 1. 364.

10

semble bien logiquement, que si le législateur a donné
au juge la faculté d'admettre ou non la preuve testimoniale pour le dépôt d'hôtellerie (1) « suivant la
qualité des personnes et les circonstances du fait »,
article 1348, il lui a par ce fait même accordé le droit
de limiter la responsabilité de l'hôtelier.

Ce système adopté par la majorité des auteurs était
d'ailleurs celui de l'ancien droit, et celui du législateur,
tel qu'il ressort des travaux préparatoires.

Il laisse, il est vrai, une part considérable à l'arbitraire
du juge, mais il est équitable.

Nous nous rallions à ce système malgré l'autorité de
M. Laurent.

Nous admettrons donc que la responsabilité de
l'hôtelier pourra être limitée, suivant la qualité des
personnes et les circonstances. Cela ne veut point dire
qu'elle disparaîtra ; ce sera seulement une restriction
à son étendue, et l'aubergiste sera toujours responsable
dans la mesure normale appréciée suivant les circonstances par le juge. Il ne sera dégagé de toute charge
que pour ce qui excédera cette mesure.

L'aubergiste ne pourrait-il pas limiter sa responsabilité par des avis affichés dans son établissement ?
Ainsi, il appose un placard où il invite les voyageurs à
lui déclarer leurs valeurs, à prendre la précaution de
les lui remettre en mains, ne s'engageant à répondre
que pour une certaine somme. Ce placard a-t-il pour

---

(1) Bourges, 3 février 1820. SIREY, chronologique. — GUILLOUARD,
Du Dépôt et du séquestre, N° 148. — BAUDRY-LACANTINERIE et
WAHL, *Du Dépôt nécessaire*. — LAURENT, T. XXVII, N° 139.

effet de limiter sa responsabilité ? La négative est
généralement admise. Sans doute, le voyageur a le
droit de renoncer aux garanties légales, mais ce droit
ne s'exerce que par une manifestation de volonté et
elle n'apparaît pas ici : il peut ignorer le placard, et,
même le connaissant, ne pas y adhérer le moins du
monde : la renonciation à un droit ne se présume pas.
Ajoutez que ce serait tôt fait de la responsabilité, s'il
suffisait d'afficher un placard : il deviendrait de style,
si l'on peut s'exprimer ainsi, et la loi serait lettre
morte (1). Il en serait autrement, bien entendu, si
l'accord exprès était intervenu entre voyageur et aubergiste pour limiter la responsabilité de ce dernier, le
contrat est la loi des parties.

L'aubergiste pourrait-il encore limiter sa responsa
bilité, non plus par une simple affiche, mais par une
déclaration formelle faite au voyageur lors du contrat
d'auberge ? En principe oui, du moment que le voyageur accepte cette réserve ; il y a accord liant les parties.
Mais on a fait remarquer, et non sans raison, qu'il
faut distinguer : si le contrat est fait de bonne foi, la
limitation a lieu ; si, au contraire, les réserves de l'hôtelier cachent une fraude contre le voyageur, elles
n'ont aucun résultat ; en effet, les contrats doivent
être exécutés de bonne foi, la mauvaise foi engendre
une responsabilité pour celui à qui elle est imputable.
L'exemple donné est le suivant : l'auberge où descend

(1) LAURENT, T. XXVII, n° 145. — AUBRY et RAU, T. IV, § 406. —
SOURDAT, T. II, n° 935.— Cass., 11 mai 1846. SIREY, 46, 1, 364.— Rouen,
4 février 1847. SIREY, 48, 2, 452.

le voyageur est située sur une route à une très grande distance de toute habitation, de sorte que le voyageur ne peut se retirer ailleurs ; les restrictions de l'hôtelier peuvent être considérées comme une fraude, parce qu'il abuse de la position du voyageur, obligé de tout consentir pour s'abriter, et peut-être veut s'assurer le moyen de le livrer à des malfaiteurs, ses complices, sans courir lui-même aucun risque (1). La fraude sera, bien entendu, question de fait laissée à l'appréciation du juge. C'est ainsi qu'il a été décidé que l'aubergiste n'était pas tenu des risques, s'il a déclaré ne pas vouloir s'en charger et si le voyageur y a consenti, pourvu que ce dernier ait pu facilement se procurer un autre hôtel et que d'ailleurs l'hôtelier ait fait tout ce que lui permettaient les circonstances pour protéger ses effets comme ceux des autres voyageurs (2). On ne pourrait, dans cette espèce, relever aucune fraude ni mauvaise foi.

D. — *Exceptions au principe de la responsabilité.*

(Loi du 18 Avril 1889.)

Il nous reste à voir maintenant dans quel cas, soit en vertu de la loi, soit en vertu des principes généraux, la responsabilité de l'aubergiste disparaît.

Nous savons que la responsabilité de ce dernier est d'origine contractuelle ; or, il est certain que le contrat

(1) Voir Sourdat, T. II, 935.
(2) Douai, 19 août 1842. Sirey, 42, 2, 421.

doit être exécuté régulièrement par les deux parties et que la sanction des obligations de l'une d'elles n'aura lieu d'intervenir qu'autant qu'aucun fait de l'autre partie ne sera la cause de leur inobservation ; en un mot, le voyageur est tout au moins tenu, en vertu du contrat, de ne rien faire qui puisse entraver l'accomplissement par l'hôtelier de ses obligations ; s'il le fait, il encourt lui-même une responsabilité qui dégage l'hôtelier de la sienne, ou tout au moins la restreint. Il résulte de cette théorie que si la perte ou le dommage des effets du voyageur est imputable à celui-ci, il en supportera seul les conséquences. Il est nécessaire toutefois d'essayer de bien indiquer quels sont les faits susceptibles d'avoir ce résultat.

En principe, aux termes de l'article 1137. C. C, tout obligé contractuel est tenu d'agir en bon père de famille, c'est-à-dire, qu'il est responsable de sa faute légère appréciée *in abstracto* dans l'exécution du contract ; la règle édictée par cet article pour l'obligation de conserver est considérée comme générale et applicable à toutes les obligations de faire ou de ne pas faire. On peut en conclure que le voyageur est obligé par le contrat à ne rien faire qui puisse empêcher l'hôtelier de lui rendre intacts les effets qu'il a apportés et sera tenu de sa faute légère *in abstracto* à ce point de vue ; s'il n'a pas apporté les soins d'un bon père de famille, d'un homme très diligent, il encourra une responsabilité qui aura pour effet de mettre à sa charge les risques de la perte ou du dommage causé à ces objets.

Tous les auteurs sont d'accord sur ce point pour écarter la responsabilité de l'aubergiste, lorsque la perte d'effets éprouvée par le voyageur est le résultat d'une négligence imputable à ce dernier (1).

La preuve de cette négligence incombera à l'aubergiste que la loi présume toujours en faute et responsable.

Néanmoins, il est nécessaire que la faute du voyageur ait un rapport de cause à effet avec la perte ou détérioration des objets. Ceci est de toute évidence, car si elle n'a eu aucune influence sur l'événement dommageable, on ne voit pas pourquoi on pourrait l'invoquer. Ainsi, la faute du voyageur peut consister à n'avoir pas retiré la clef de sa chambre ou de son secrétaire (2); elle aura pour résultat d'exempter l'aubergiste de la responsabilité, si l'événement s'est produit pendant que la chambre ou le secrétaire étaient, par suite de l'imprudence du voyageur, à la merci du premier venu. Mais si le voyageur, rentré, a retiré sa clef et si le fait générateur de responsabilité a été accompli ensuite, il n'y a plus de rapport entre les deux faits et la faute du voyageur qui a existé un moment mais n'existant plus alors, n'a aucun effet sur la responsabilité (3).

La faute du voyageur est un fait qui réside tout entier dans l'appréciation du juge ; nous ne pouvons

(1) LAURENT. T. XXVII, n° 144. — AUBRY et RAU. T. IV, § 406, n° 13. — DEMANTE et COLMET DE SANTERRE, T. VIII, n° 166 *bis*.

(2) Paris, 10 avril 1843. *Journal du Palais*, 43, 1, 593.

(3) LAURENT. T. XXVII, n. 144.

donc indiquer, à ce propos, que quelques exemples jurisprudentiels qui permettront, au besoin, de résoudre les cas analogues. Ainsi, l'aubergiste a été exonéré de la responsabilité, lorsqu'il résultait des circonstances que le voyageur avait mis la plus grande négligence dans la garde de son argent (1). De même l'aubergiste ne répondra pas des vols imputables à la négligence, à l'imprudence du voyageur, vols qui n'auraient pas eu lieu s'il avait usé des précautions ordinaires pour la conservation de ses effets. Tel est le cas du voyageur qui, ayant à sa disposition des meubles qui ferment à clef, dépose une somme de trois mille francs dans un carton à chapeau sous un lit, dans une salle d'entrée (2). Il y a eu évidemment imprudence résultant d'un excès de prudence, car le voyageur a pu penser qu'on n'irait pas chercher cet argent dans un carton à chapeau, alors qu'on songerait immédiatement aux meubles.

L'apport dans l'hôtel par le voyageur de sommes considérables et excédant les besoins du voyage, avait été, dès avant la loi du 18 avril 1889, considéré comme une faute (3). Citons enfin comme jurisprudence assez récente des arrêts qui écartent la responsabilité de l'hôtelier pour vol d'effets, quand ceux-ci ont été déposés dans un corridor ouvert à tout venant et que l'attention de l'hôtelier n'a pas été appelée spécialement sur des objets qui échappent facilement à sa surveil-

(1) Grenoble, 13 Août. 1813. Sirey, 47, 2.238 en note. — Bourges, 8 Fév. 1820. Sirey, chronologique.

(2) Seine 25 juillet 1838 et 27 juillet 1838. *Le Droit*, du 26 et 28 juillet 1838.

(3 Paris, 21 novembre 1836. Dalloz, 37, 2, 4.

lance (1). Pour bien montrer au surplus qu'en pareille matière tout est question d'appréciation, il nous suffira de citer l'espèce suivante : un voyageur laisse une boîte contenant des bijoux sur la cheminée d'une chambre qui se trouve au fond de l'appartement qu'il occupe dans l'hôtel, on la lui vole. L'hôtelier sera-t-il responsable ? Oui répond le juge, parce que les habitudes présumées de l'hôtel et la situation de la chambre n'impliquent dans le fait aucune imprudence (2). Et cependant malgré cet argument, ne peut-on vraiment considérer comme imprudent le voyageur qui abandonne ainsi au lieu de l'enfermer une boîte avec des bijoux ? La question est fort incertaine et la décision peut être critiquable.

En dehors de l'application des principes généraux, nous avons d'autres exceptions à la responsabilité de l'hôtelier résultant du Code Civil et de la loi du 18 avril 1899 incorporé au Code.

L'article 1954, Code Civil, tel qu'il a été rédigé en 1804 déclare les aubergistes responsables « des vols faits avec force armée ou autre force majeure ». Cet article, qui semble édicter une règle spéciale au dépôt d'hôtellerie, n'est en réalité que l'application des principes généraux du droit en matière de responsabilité. En effet, cette règle consacrée par l'article 1148, Code Civil, a été reprise par l'article 1954, Code Civil, sous forme d'exemple spécial « vol avec force armée ou force majeure » comme elle avait été reprise à propos

---

(1) Paris, 14 décembre 1881. SIREY, 82, 2, 219. — Seine, 16 janvier 1884. *La Loi*, 25 janvier 1884.
(2) Paris, 29 août 1844. DALLOZ, 46, 2, 81.

du dépôt volontaire dans l'article 1929 qui dit que « le dépositaire n'est tenu en aucun cas des accidents de force majeure à moins qu'il n'ait été mis en demeure de restituer la chose déposée ». Il faudrait donc et par analogie étendre l'exonération de responsabilité à tous les cas fortuits ou de force majeure et ne point s'arrêter au seul fait indiqué par la loi, le vol avec force armée ou autre force majeure ; le simple dommage causé à la chose par force majeure rentrera dans l'hypothèse du texte et la responsabilité de l'aubergiste devra être écartée. C'est à l'aubergiste qu'incombe la preuve de la force majeure. Cette théorie a été consacrée par la jurisprudence et la majorité des auteurs (1). Ainsi les aubergistes ne seront pas responsables de la perte des effets du voyageur dans un incendie qui est le résultat de la force majeure ; certains auteurs vont même jusqu'à lui permettre de sauver de l'incendie ses effets personnels en laissant brûler ceux du voyageur (2).

Insistons plus spécialement sur l'hypothèse du texte : Que faut-il entendre par vol avec force armée ? En général cela suppose une invasion brusque et violente avec armes dans l'établissement : tel serait le cas d'un vol commis par les soldats ennemis dans une auberge en temps de guerre, ou encore le pillage de l'auberge pendant une sédition, une émeute, une révolution.

---

(1) Paris, 17 janvier 1850, Sirey, 50.2.267. — Lyon, 27 novembre 1863, Sirey, 63.2.227. — Caen, 2 août 1872, Sirey, 74.2.146. — Voy. Laurent, T. XXVII, n° 146. — Aubry et Rau, T. IV, § 406.

(2) Pont. — *Petits Contrats*, n° 427.

On peut voir à titre d'exemple un jugement du tribunal de paix d'Amiens du 16 mai 1871 relatif à l'enlèvement de vive force par les soldats allemands durant la guerre de la voiture déposée dans une auberge par un voyageur (1). On ne saurait d'ailleurs considérer comme nécessaire pour écarter la responsabilité de l'hôtelier qu'il y ait une attaque à force ouverte de la part des voleurs ; il est certain que si ceux-ci se sont par exemple glissés dans l'établissement, sous l'apparence de voyageurs et après s'y être réunis, y font invasion les armes à la main, on sera parfaitement dans le cas de l'article 1954. Dans cette hypothèse, cependant, il serait bon d'examiner les faits et gestes de l'aubergiste et de voir s'il n'y a à lui reprocher aucune complicité ou même aucune faute qui aurait pu favoriser l'évènement, tel que le fait de recevoir les voleurs comme voyageurs alors qu'il les connaissait pour des gens peu recommandables ou dangereux (2). On a nié l'utilité de cet examen ; on prétend en effet que l'article 1954 est général et ne fait aucune réserve ; du moment qu'il y a vol à main armée, peu importe le rôle de l'aubergiste, il ne sera jamais responsable (3). C'est assurément exagérer la portée du texte : nous savons, en effet, qu'il n'est qu'une application du principe ; or, il est évident qu'il n'y a réellement force majeure que si l'évènement est absolument indépendant de la volonté humaine. Il n'y a

(1) DALLOZ, 1871, 3.151.
(2) SOURDAT. Responsabilité, T. II, n. 963.
(3) TROPLONG. Dépôt, n. 236.

donc plus force majeure, lorsqu'on peut imputer une part du fait à la volonté de l'hôtelier.

On a longtemps discuté pour savoir si le vol avec effraction devait être rangé dans le domaine de l'article 1954. Les auteurs sont divisés sur ce point : les uns, s'appuyant sur le texte, disent qu'un vol avec effraction n'est pas un vol à main armée, il y a bien pénétration dans l'hôtel, mais elle n'affecte pas ce caractère de surprise brusque et violente que suppose le législateur ; ajoutez que les voleurs n'ont pas nécessairement des armes (1). Pour d'autres cette espèce de vol doit avoir pour effet d'exonérer l'aubergiste de la responsabilité, si on ne peut lui reprocher aucun défaut de surveillance ; il affecte alors le caractère d'un fait de force majeure et s'il n'est pas un vol fait avec force armée, il est toujours fait, selon le texte « avec autre force majeure » (2). Prise en ce dernier sens, l'interprétation parait exacte ; il peut y avoir dans le vol avec effraction, selon les circonstances, un cas de force majeure ; mais il nous parait difficile de le classer dans l'espèce du vol à main armée. Notons au reste, et ceci confirme ce que nous avons dit plus haut concernant la portée de l'article 1954 pour le vol avec force armée, que le vol avec force majeure ne sera tel que dans le cas où la vigilance que l'on peut attendre de l'aubergiste n'aurait pu prévenir l'événement, la force majeure n'existe qu'indépendamment de toute volonté. L'emploi de fausses clefs par les voleurs pour

(1) Aubry et Rau. T. IV, § 406, n. 9. — Laurent, T. XXVII, n. 142.
(2) Pont. Petits contrats, T. I, p. 244, n° 540.

pénétrer dans l'hôtel et y commettre leur délit, sans constituer un vol à main armée ni même toujours un vol avec effraction, rentrera dans l'hypothèse du vol avec force majeure suivant les mêmes distinctions que nous venons de faire, c'est-à-dire suivant que l'on aura ou non à reprocher à l'aubergiste une faute de surveillance.

On a soutenu que l'aubergiste n'était pas responsable des vols faits avec force armée ou autre force majeure qu'autant que le vol avait été commis par des personnes du dehors (1). Une distinction s'impose. Si les domestiques de l'hôtel en sont les auteurs, le maître est responsable, mais en vertu de l'article 1384,3°, qui établit la responsabilité générale du commettant à l'égard du dommage causé par son préposé. La force majeure est-elle imputable aux voyageurs logés dans l'hôtel ? C'est l'article 1954 qu'il nous faut appliquer. Ses termes sont généraux et ne comportent pas l'exception que M. Troplong s'est ingénié à découvrir.

Il nous resterait à essayer d'indiquer les cas de force majeure susceptibles, en dehors du vol armé, de rendre applicable l'article 1954. Nous avons déjà donné le principe définissant la force majeure : tout fait étranger à la volonté humaine. Les espèces ne sauraient être que des exemples sans grand intérêt.

Une dernière exception au principe de la responsabilité de l'hôtelier a été créé par la loi récente du 18 avril 1889, incorporée au Code civil sous l'article

____

(1) Troplong. Dépôt, n° 236.

1953. D'après ce texte, la responsabilité de l'hôtelier est limitée à mille francs pour les espèces monnayées et les valeurs au porteur de toute nature non déposées réellement entre les mains des aubergistes ou hôteliers. Quel est le sens et la portée de cette loi ?

Elle est venue apporter une limitation et une exception à la responsabilité de l'aubergiste en ce qui concerne les espèces monnayées et les valeurs ou titres au porteur. Au premier abord et à ne considérer que le texte, elle ne fait que consacrer une limitation à cette responsabilité et non une exception. Mais elle y constitue une exception par le fait même, puisqu'au dessus de la limite fixée, la responsabilité disparaît. Pour bien saisir la portée de la loi nouvelle, il est nécessaire d'en montrer les origines.

On a vu précédemment que dans l'interprétation exacte de l'article 1952 du Code Civil, l'hôtelier est responsable de tous effets apportés chez lui par le voyageur, quelle que soit leur nature. Il y avait bien des divergences pour l'argent et les objets précieux et, à la suite d'éminents auteurs, la jurisprudence avait souvent décidé que la responsabilité devait être limitée à la valeur des objets supposée par l'aubergiste, si le voyageur ne lui avait fait aucune déclaration (1). Mais ce n'était qu'une interprétation peut-être douteuse du texte et susceptible d'un revirement jurisprudentiel. Il y avait en principe une responsabilité trop lourde dans l'état actuel de nos mœurs ; car on peut transporter

(1) AUBRY et RAU précité. — Ajouter aux arrêts précités Cass. 4 et 11 Juin 1872. DALLOZ, 73, 1, 24 et 120.

des valeurs très importantes sous un très petit volume et l'aubergiste peut les ignorer, tandis que lors de la confection du Code Civil, la possibilité de transporter une fortune avec soi sans aucune apparence n'existait guère. Aussi un certain nombre d'hôteliers de Paris et de province adressèrent-ils une pétition au Parlement pour remédier à cette situation : ils demandaient que cette responsabilité fut limitée à cinq cents francs, quand les effets mobiliers du voyageur n'auraient pas été déposés entre leurs mains. C'était élargir un peu la question qui ne semblait délicate que pour les valeurs et les objets précieux faciles à dissimuler et dont l'aubergiste pouvait ignorer l'existence. C'était le retour à certaine théorie de l'ancien droit. Mais si la conclusion était trop large, l'exposé des motifs de la pétition s'attachait surtout à réclamer une règle nouvelle pour les espèces et valeurs mobilières.

C'est en ce sens qu'une proposition de loi fut présentée à la Chambre des députés par MM. Lisbonne et Gatineau le 9 avril 1881 (1), et prise en considération par l'assemblée après un rapport sommaire de M. Bizarrelli (2), le 18 juin 1881. Elle consistait en ceci : les deux articles qui précèdent ne sont pas applicables aux valeurs au porteur de toute nature, apportées ou déclarées par les voyageurs et qu'ils n'auraient pas déposées aux mains de l'hôtelier. La limite de garantie, à raison de la perte ou disparition dans l'hôtel ou ses dépendances des dites valeurs apportées ou déclarées et non

____

(1) *Journal officiel*, 16 avril 1881, Annexe 3580.
(2)   id.   Juillet 1881, Annexe 3766.

déposées est portée à mille francs. Il n'est rien innové
aux règles de la responsabilité directe ou indirecte,
édictée par les articles 1382, 1383 et 1384 du Code civil. »
Devenue caduque avec l'expiration de la législature,
elle fut reprise par M. Monis et d'autres et déposée sur
le bureau de la Chambre le 14 février 1887, un rapport
fut présenté par M. Colfavru, le 28 février 1888 (1), la
prise en considération par la Chambre eut lieu le
5 juillet 1888. Le texte était le suivant : «Il est ajouté à
l'article 1954 du Code civil les dispositions suivantes :
pareillement ils ne sont pas responsables des vols portant sur les valeurs et objets précieux de toute nature,
que les voyageurs n'auraient pas déposés entre les
mains de l'hôtelier. La limite de garantie des dites
valeurs ou objets précieux non déposés est fixée à mille
francs ». Cette disposition différait sur deux points de
celle de 1881 : en effet, elle étendait aux objets précieux la réglementation nouvelle qui avait été restreinte par la proposition Lisbonne aux valeurs au
porteur, et d'autre part elle n'exigeait plus pour son
application le double défaut de déclaration et de dépôt
réel par le voyageur, mais seulement l'absence de
dépôt effectif.

Soumis à la commission parlementaire, le projet
Monis revint assez modifié avec le rapport de M. de la
Batie, déposé le 13 mars 1889 sur le bureau de la
Chambre. Ce rapport exposait avec netteté la nécessité
et le but de la loi : reprenant les motifs exposés par

(1) *Journal officiel*, 28 février 1888. Annexe, 2473.

MM. Lisbonne, Gatineau et Bizarelli en 1881, par M. Monis en 1887, il montrait la transformation des mœurs devant entraîner celle des lois. « Depuis la promulgation du Code Civil relatif au dépôt, de graves changements sont survenus dans la consistance des fortunes et dans les mœurs. D'une part la richesse mobilière a pris un grand développement, et la monnaie fiduciaire, sous les diverses formes de billets de banque et de nombreux titres au porteur, est devenue d'un usage fréquent. Il est aujourd'hui facile de transporter, sous un petit volume, des valeurs importantes, dont les titres au porteur transmissibles de la main à la main, sont pour les voleurs une proie à peu près aussi facile que les monnaies d'or et d'argent. D'autre part, l'amour des voyages et de la vie mondaine, dans les stations thermales et dans les diverses résidences adoptées par la mode, grandit chaque jour en même temps que s'établissent partout des habitudes de confortable et de luxe. Ces diverses causes amènent dans les hôtels des voyageurs portant avec eux, parfois une partie de leur fortune, presque toujours des valeurs considérables, dont la soustraction est souvent opérée par d'adroits filous, habiles à exploiter les chambres d'hôtel. »

» La jurisprudence a eu bien souvent à intervenir alors entre les voyageurs et les hôteliers pour décider si la responsabilité imposée à ceux-ci devait s'étendre, au-delà même de leurs prévisions, sur ces valeurs au porteur dont la consistance, et même la présence avaient pu être ignorées de ceux qui cependant en sont garants, comme dépositaires légaux. Des décisions diverses ont été rendues, s'inspirant surtout des circonstances particulières à chaque espèce. Lorsque la possession des valeurs et leur perte ont été bien démontrées, si la responsabilité des hôteliers a été supprimée ou atténuée, c'est seulement parce qu'il a été établi aussi qu'une faute personnelle du voyageur devait exonérer en totalité ou en partie le maitre d'hôtel. Mais souvent il a paru difficile de décider si les déclarations du voyageur relativement à la possession des valeurs disparues étaient bien sincères, et les tribunaux ont dû alors trancher la difficulté en appréciant, en leur sagesse, quelles sommes ou valeurs le voyageur plaignant avait pu raisonnablement emporter pour son voyage et conserver avec lui, dans sa malle ou dans les meubles de sa chambre, sans prendre la précaution de les confier spécialement à l'hôtelier.

» De telles appréciations toujours délicates, peuvent être suspectées d'arbitraire ou d'erreur ; aussi les hôteliers ont-ils réclamé d'être soumis à une législation, moins périlleuse pour eux. »

La commission refusait d'établir une règle nouvelle pour les objets précieux. « Il convient, disait le rapport, de changer les termes de la proposition Monis pour éviter toute équivoque : les mots « objets précieux de toute nature », employés par nos collègues sont d'une élasticité telle qu'on pourrait les étendre aux dentelles, fourrures, bijoux usuels et tous autres objets de prix, dont les voyageurs ne peuvent être tenus de se déposséder momentanément pour en opérer le dépôt réel aux mains de l'hôtelier » (1). Elle bornait son œuvre aux espèces monnayées et valeurs ou titres au porteur. Le projet nouveau avait pour but de contraindre le voyageur à déposer ces objets, s'ils excèdent mille francs, aux mains de l'aubergiste à peine de ne pouvoir réclamer que mille francs en cas de perte ou de vol et d'être déchu pour le surplus de toute réclamation. Il était rédigé comme le texte actuel.

Il vint en délibération devant la Chambre le 26 mars 1889 : sans discussion par cette assemblée, il fut transmis le 28 mars au Sénat qui l'adopta également ment sans discussion le 13 avril suivant (2). La loi fut promulguée le 18 avril 1889.

Quelle est le résultat de cette loi ? Elle crée une réglementation spéciale quant à la responsabilité pour les espèces monnayées ou valeurs et titres au porteur de toute nature que le voyageur peut apporter dans l'auberge et pour cela seulement. Il faut en éliminer notamment les bijoux et objets précieux qui restent soumis aux règles déjà vues.

En vertu de cette réglementation, le principe de responsabilité de l'aubergiste, posé dans l'article 1952, n'est pas aboli. Ses conditions d'application sont modifiées : pour que la responsabilité existe, à l'égard des espèces monnayées et valeurs ou titres au porteur, avec l'étendue que lui donne l'article 1952, il faut que

(1) *Journal officiel*, 25 juillet 1889, annexe.
(2) On peut citer utilement le rapport présenté au Sénat par M. Bérenger le 16 avril 1889. *Journal officiel* de cette date, annexe.

ces objets aient donné lieu à un dépôt effectif aux mains de l'hôtelier par le voyageur. Ce n'est qu'à défaut de celui-ci de l'avoir fait que la responsabilité maintenue jusqu'à une somme déterminée disparait pour le surplus; alors et alors seulement il y a exception au principe de la responsabilité de l'aubergiste.

Voyons les cas où la règle nouvelle entre en jeu. Pour cela il faut que les effets d'où dérive la responsabilité de l'hôtelier consistent en espèces monnayées ou en valeurs et titres au porteur. Il est inutile d'expliquer les mots « espèces monnayées », ce sera quelle que soit son origine la monnaie française, étrangère, ancienne, peu importe. Quant aux « valeurs ou titres au porteur de toute nature » le texte mérite une brève interprétation. Ses termes montrent d'abord qu'il n'entend régler à part que les valeurs au porteur seules, l'expression « au porteur » se référant aussi bien au mot « valeurs » qu'au mot « titres ». Eussions-nous des doutes sur la solution qu'il suffirait de se reporter aux travaux préparatoires, c'est le sens voulu d'abord par la proposition Lisbonne et Gatineau qui employait l'expression générique « valeurs au porteur de toute nature » sans parler de « titres ». La même signification est donnée par M. Monis dans son exposé des motifs, quoique sa proposition ait supprimé les mots « au porteur ». Il en est de même du rapport imprimé et distribué par la Chambre syndicale des hôteliers, le 29 avril 1887. Le rapport de M. de la Batie n'insiste pas sur cette notion qui lui semblait claire, mais on y rencontre à plusieurs reprises le mot

« valeurs au porteur » employé isolément qui indique bien que, d'après lui, la loi nouvelle ne vise jamais les valeurs nominatives.

Il faut en conclure que les valeurs au porteur et titres au porteur rentrent seuls dans le domaine de la loi de 1889 ; ainsi les billets de banque, chèques payables au porteur, valeurs au porteur quelconques au même titre que les actions et obligations au porteur. Par contre on doit écarter la règle nouvelle pour toute espèce de valeurs ou titres nominatifs, ce qui comprendra outre les actions et obligations nominatives les valeurs payables à une personne déterminée, comme chèques à ordre, lettres de change, billets à ordre. On peut critiquer non sans raison le rejet de la règle pour ces dernières valeurs : en effet, les valeurs à ordre sont souvent payées à des personnes inconnues du débiteur et aucune formalité n'est exigée pour vérifier l'identité de celui qui la présente. Le véritable créancier peut bien faire opposition au paiement, mais le voleur d'un chèque, par exemple, peut aisément arriver à en obtenir le paiement avant que l'opposition soit parvenue au banquier. Il eut été plus rationnel et utile de soumettre ces valeurs à la réglementation nouvelle.

Nous avons vu que la responsabilité de l'aubergiste est, à défaut de dépôt réel des espèces monayées et valeurs ou titres au porteur, limitée à mille francs, ce n'est que relativement aux espèces et valeurs du voyageur et non à l'ensemble de ses effets mobiliers. Par exemple le voyageur a apporté mille francs de valeurs au porteur et espèces et deux mille francs d'autres objets; en cas de perte, vol ou dommage, l'aubergiste sera responsable pour le tout et non seulement jusqu'à concurrence de mille francs. Remarquons qu'une simple déclaration par le voyageur à l'hôtelier des espèces et valeurs ne suffirait pas. C'est précisément contre les fausses déclarations que les aubergistes ont voulu se garantir en demandant la règle actuelle.

Une question se pose naturellement à l'esprit au sujet du dépôt réel qu'exige la loi de 1889, pour laisser intacte la responsabilité de l'hôtelier : ce dépôt n'a-t-il pas un caractère différent de celui prévu par l'article 1952 résultant du seul apport des effets dans l'établissement ? Ne doit-on pas plutôt le considérer comme volontaire puisqu'il a lieu d'un commun accord exprès entre les parties ? Cette question a été discutée lors des travaux préparatoires et M. Monis notamment prétendait que c'était par transformation du dépôt nécessaire en dépôt volontaire que le voyageur arriverait à maintenir la responsabilité totale de son hôte. Mais le rapport de M. de la Batie repoussa cette théorie et la commission fut d'avis que le dépôt ne changeait pas de caractère parce qu'il était exprès ; le projet de la commission ayant été accepté par les Chambres sans discussion, on doit conclure dans le même sens qu'elles. Cette solution a, on le verra plus loin, un grand intérêt au point de vue de la preuve.

Terminons cette étude de la loi de 1889 par une observation : en dehors de la limitation et de l'exception au principe de la responsabilité consacrées par le paragraphe ajouté à l'article 1953, le dépôt des espèces et valeurs au porteur est soumis aux mêmes règles que celui de tous autres effets mobiliers.

La loi de 1889 a certainement fait œuvre utile, tant au point de vue des aubergistes que des voyageurs ; les hôteliers étaient exposés à de trop lourdes responsabilités, difficilement évitables même par des avertissements ou avis publiés à leurs clients. Ceux-ci de leur côté étaient, pour mettre en jeu la responsabilité, tenus, on le verra, de faire une preuve souvent très malaisée. La règle nouvelle a l'avantage de soustraire les uns et les autres aux trop grosses charges qui leur imcombaient, sans leur nuire.

§ VI. — RESPONSABILITÉ DE L'HÔTELIER A RAISON DES DÉLITS COMMIS DANS L'AUBERGE

Il y a encore, en dehors du domaine des articles 1952 et suivants, un cas de responsabilité de l'hôtelier qui est prévu par l'article 73 du Code Pénal, à raison des délits commis dans l'auberge autres que ceux relatifs aux effets du voyageur. Il nous paraît logique d'en traiter ici à la suite de l'étude de la responsabilité générale de l'aubergiste.

D'après ce texte « Les aubergistes et hôteliers, convaincus d'avoir logé plus de vingt-quatre heures quelqu'un qui pendant son séjour aurait commis un crime ou un délit, seront civilement responsables des

restitutions, des indemnités et des frais adjugés à ceux
à qui le crime ou le délit aurait causé quelque
dommage, faute par eux d'avoir inscrit sur leur
registre le nom, la profession et le domicile du coupable,
sans préjudice de leur responsabilité dans les cas des
articles 1952 et 1953 du Code Civil ».

Il s'agit évidemment d'une responsabilité délictuelle
et qui plus est d'une responsabilité qui est la conséquence d'une infraction pénale. Elle suivra donc non
seulement les règles de la responsabilité délictuelle,
mais celles de la responsabilité pénale.

Ce caractère pénal de la responsabilité, dérivant de
l'article 73 du Code Pénal, nécessite dans l'application
de ce texte une interprétation stricte de ses termes. Il
sera donc absolument nécessaire que l'auteur du
crime ou du délit ait logé plus de vingt-quatre heures
dans l'auberge et y ait commis son crime ou son délit
pendant son séjour. Il faudra aussi que l'hôtelier ait
omis d'inscrire son nom sur le registre des voyageurs.
Si l'une de ces trois conditions manque, la responsabilité tombe également.

On a quelquefois critiqué cette sanction fort sévère
de l'omission par l'hôtelier de l'inscription d'un voyageur sur son registre. « Elle est exorbitante, n'ayant
d'autre base qu'une simple omission qui n'a pas facilité
le crime ou le délit, qui est punie comme contravention
et dont on pourrait tout au plus élever la peine dans
les cas graves. Elle n'a point été justifiée par cette
observation de l'orateur du gouvernement répondant
aux réclamations de la commission du corps légis-

latif : « Faute par les aubergistes et hôteliers de remplir une formalité simple et facile, ils fournissent à des coupables le moyen de se dérober plus aisément aux recherches, ainsi leur négligence favorise l'impunité par le défaut de notions propres à faire découvrir les traces des auteurs du crime ou du délit (Locré, T. 29, p. 258 et 269) (1) ». Il ne paraît pas exact, comme l'affirme cette théorie, que les travaux préparatoires n'aient pas donné le vrai et sérieux motif de la disposition de l'article 73, car, comme le dit très bien M. Sourdat (2), « c'est une précaution prise contre les associations coupables qui pourraient se former entre les malfaiteurs et les aubergistes ; il serait facile à ces derniers de cacher les premiers, de favoriser leur évasion, de faire perdre leurs traces à la police. L'inscription, sur le registre, des noms de toutes les personnes qui logent chez eux est au contraire un moyen de faciliter les investigations. A l'égard des personnes qui ne font que s'arrêter quelques instants dans une auberge, la formalité de l'inscription eut été difficile à remplir. Mais quand le voyageur a séjourné plus de vingt-quatre heures dans l'auberge, l'omission n'est plus excusable. Si l'on joint à cela l'autre circonstance que le crime ou le délit a été commis dans cet intervalle de temps, l'on conçoit qu'il s'élève contre l'aubergiste même quelques soupçons de complicité. C'est à lui de se mettre à l'abri en accomplissant la formalité bien simple qui lui est imposée. » Cette

(1) Morin. — *Répert. de droit criminel.* V° Auberge, n° 6.
(2) Sourdat. — T. II, n. 971.

disposition, très justifiable en 1810, date de la rédaction du Code pénal, où les routes et les auberges étaient
beaucoup moins sûres que de nos jours, n'a pas pour
cela cessé d'être fondée : il y a malheureusement encore
des auberges louches où l'on ne saurait s'aventurer
qu'à ses risques et périls, et si parfois un hôtelier
sérieux sera victime d'une négligence qui lui rendra
applicable l'article 73, disposition trop sévère, celle-ci
se trouvera dans la plupart des cas d'application
parfaitement fondée ; car il s'agira généralement
d'aubergistes ou d'hôteliers plus ou moins honnêtes
pour lesquels on ne saurait être trop rigoureux.
Remarquons d'ailleurs que la sanction légale est
bénigne, en ce sens qu'il sera même à l'hôtelier
malhonnête facile d'y échapper, il lui suffira de ne pas
laisser séjourner le délinquant vingt-quatre heures
dans son établissement ; cette condition manquant, la
responsabilité ne s'appliquera plus, et il n'aura pas
besoin d'éveiller l'attention sur le criminel en inscrivant son nom sur les registres.

Cette responsabilité n'a pas le même effet ni la même
étendue que celle des articles 1952 et 1953. D'abord
elle s'applique aussi bien aux crimes ou délits commis
contre toute personne se trouvant dans l'auberge,
domestique, préposé, tiers quelconque de passage,
qu'à ceux accomplis contre les voyageurs proprement
dits. Elle a pour résultat de faire condamner l'hôtelier
aux restitutions, indemnités et frais des victimes. La
responsabilité des articles 1952 et suivants ne s'applique
qu'aux voyageurs et elle comprend seulement la répa-

ration du dommage ou de la perte éprouvée par eux ;
elle est plus étendue en ce sens qu'elle s'appliquera à
toute perte ou dommage causé aux effets du voyageur
dans l'établissement, indépendamment de toute question
d'inscription au registre, de durée de séjour et du
caractère pénal du fait dommageable.

La responsabilité civile de l'article 73 nous amène
naturellement à examiner si l'hôtelier sera également
tenu de réparer les crimes ou délits commis dans son
auberge, en dehors de l'hypothèse de l'article 73 du
Code pénal. Nous n'envisageons pas sûrement le crime
ou le délit de l'aubergiste lui-même : il en sera responsable civilement autant que pénalement sans le moindre
doute. Il ne saurait s'agir ici que de la responsabilité
des infractions pénales d'autrui. Il est nécessaire de
faire une distinction : il y a des délits d'autrui que
l'hôtelier sera tenu de réparer, parce qu'ils ont été
commis par des personnes dont il doit répondre ; il y
en a dont il sera tenu parce qu'il a commis une faute
propre en ne les empêchant pas lorsqu'il le pouvait ;
tels sont, d'ailleurs, les deux principes généraux en
matière de responsabilité civile du délit d'autrui (1).
Par suite, l'hôtelier, maître et commettant, sera responsable des délits de ses domestiques ou préposés dans
l'exercice de leurs fonctions (article 1384 du Code Civil),
parce qu'il en doit répondre : tel serait le cas ou un
serviteur frapperait, blesserait ou tuerait un voyageur
dans l'auberge en le servant ; il y en aurait bien
d'autres, mais nous n'avons à nous occuper que du

____

(1) GARRAUD. *Précis de droit criminel* (1892), p. 453.

voyageur. En raison du second principe, l'hôtelier sera
responsable du délit d'un tiers ou d'un domestique ou
préposé en dehors de ses fonctions, si, pouvant l'empêcher, il ne l'a pas fait : ainsi, un voyageur en frappe
ou blesse un autre, si l'aubergiste, qui a vu la discussion naître, assiste au délit en spectateur désintéressé,
il peut être déclaré responsable. Il en est autrement si
l'événement est survenu à l'insu et indépendamment
de sa volonté ou s'il a pris toutes mesures pour l'empêcher. La différence notable entre les deux cas de
responsabilité tient non seulement à l'origine des faits
criminels, mais surtout à ce que, pour le domestique
ou préposé dans l'exercice de ses fonctions, l'hôtelier
est responsable sans pouvoir se libérer en démontrant
qu'il n'a pu empêcher le fait (article 1384), tandis que
ce mode de libération lui est ouvert dans l'autre hypothèse.

Les divergences entre cette sorte de responsabilité et
celle des articles 1952 et suivants sont analogues à
celles que nous avons indiquées à propos de l'article 73
du Code pénal. En thèse générale, elle suit toutes les
règles de la responsabilité délictuelle, en y ajoutant
celles qui tiennent à son origine pénale. Cette théorie
de responsabilité a surtout un grand intérêt pratique
au sujet des vols qui peuvent être commis dans l'auberge,
au préjudice d'autres personnes que des voyageurs et
qui ne rentrent plus dans le domaine du dépôt nécessaire du Code Civil (1), ou encore pour le vol d'objets

____

(1) Voir Cass., 14 février 1812, 1ᵉʳ avril 1813, 16 avril 1813, 22 mars
1816, dans le SIREY, *chronologique*.

laissés en dépôt volontaire à l'hôtelier par le voyageur après son départ, cas également en dehors des articles 1952 et 1953 (1).

Nous en avons terminé ainsi avec l'étude des diverses obligations résultant pour l'aubergiste du contrat d'auberge. Nous passons maintenant à celle des obligations résultant du même contrat pour le voyageur.

(1) Cass., 28 octobre 1813, SIREY, *chronologique*. Tous ces arrêts appliquent les pénalités de l'article 386 du Code pénal ; la peine entraine avec elle la réparation civile.

CHAPITRE IV

—

DES OBLIGATIONS DU VOYAGEUR
ET DE LEUR SANCTION

———

Tout d'abord, le voyageur doit, comme preneur, user de la chose louée en bon père de famille et suivant la destination qui lui a été donnée par le contrat d'hôtellerie ou suivant celle présumée d'après les circonstances, à défaut de convention (A 1728 1° C. C). Cette obligation force le voyageur à se servir des lieux loués d'une façon normale, sans les détériorer, ni détruire, notamment, ce qui peut arriver assez souvent, le mobilier qui les garnit ; c'est là l'usage en bon père de famille. Quant à l'usage conforme à la destination de la chose louée, il signifie que le voyageur ne doit se servir des lieux qu'il occupe qu'à titre de logement, il ne lui serait pas permis, par exemple, si son séjour est assez long d'installer en cet endroit un bureau, un commerce, spécialement avec de la publicité. Évidemment, le voyageur pourra recevoir dans son appartement les personnes qui auront besoin de traiter affaires avec lui, mais il ne faut pas que ces réceptions soient trop multiples et créent une gêne pour l'établissement. Le tout, bien entendu, sauf convention contraire. C'est ainsi qu'il arrive souvent que des médecins spécialistes font des tournées médicales dans les villes ; ils passent avec un hôtelier un contrat d'auberge qui comprend pour eux le droit de recevoir dans l'établissement tous les malades qui viendront les y consulter. Il est certain, que sauf accord sur ce point, un médecin de passage dans une ville ne pourrait, sans changer la destination des lieux loués, transformer sa chambre d'hôtel en cabinet de consultation.

Enfin le voyageur doit les restituer dans l'état où il les a reçus ; ceci est un peu le corollaire de son obligation d'en user en bon père de famille. Les articles 1730 et 1731 du C. C. distinguent à l'égard de la restitution, suivant qu'il y a ou non état des lieux lors du bail. Il est bien évident que nous serons presque toujours, en notre matière, en face d'un bail sans état des lieux préalable. Dans ce cas le locataire, c'est-à-dire le voyageur est présumé avoir reçu les lieux en bon état de réparations locatives et doit les rendre tels, sauf la preuve contraire (article 1731). Notons que le voyageur est corrélativement à l'obligation de l'aubergiste de faire les réparations, tenu de supporter celles-ci, si elles sont urgentes (article 1724).

Qu'arrivera-t-il si, comme preneur, le voyageur n'exécute pas son obligation d'user de la chose louée

en bon père de famille et suivant la destination qui lui
a été donnée par le contrat d'hôtellerie ou suivant
celle présumée d'après les circonstances à défaut de
convention. La sanction nous est indiquée par l'article
1729 du Code civil. « Si le preneur emploie la chose à
un autre usage que celui auquel elle est destinée et
dont il puisse résulter un dommage pour le bailleur,
celui-ci peut, suivant les circonstances, faire résilier
le bail ». L'hôtelier dont les pièces ou les meubles, les
garnissant sont détériorés par le client, ou qui voit
celui-ci employer l'appartement qu'il occupe à une
autre destination que l'habitation à laquelle il est
présumé devoir seulement servir, peut demander la
résiliation du contrat. C'est toujours l'application du
principe de l'article 1184. L'inexécution par une partie
de ses obligations permet à l'autre de demander la
résolution de la convention. Le texte ne permet pas
cependant à l'aubergiste de résilier le contrat de bail
comme il l'entend, il peut seulement le faire résilier,
c'est-à-dire soumettre au juge cette question de
résiliation, qui sera tranchée par lui, aux termes de la
loi, suivant les circonstances. Ceci indique que les
tribunaux ont un pouvoir d'appréciation et qu'ils ne
doivent accorder la résiliation qu'au cas de manque-
ments graves (1); que décider, s'il y a bien mauvais
usage de la chose, ou usage non conforme à sa
destination, mais pas assez sérieux pour autoriser la
résiliation.

(1) Cass. 7 novembre 1882, DALLOZ, 83.1.382. — Grenoble 8 mai 1888,
DALLOZ, 83.2.94.

A cette violation du contrat, il faut une sanction. Elle consistera dans la réparation du dommage causé à l'aubergiste par le fait préjudiciable du voyageur, c'est-à-dire une indemnité y correspondant.

Quelle sera la conséquence du défaut de restitution de la chose louée par le voyageur dans l'état où il l'a reçue ? Etant donné qu'il n'y a jamais d'état des lieux dressé dans notre genre de bail généralement tacite, nous savons que le voyageur est présumé avoir reçu la chose en bon état. Il sera donc responsable des détériorations, dégradations ou destructions qui y seront constatées lorsqu'il la rendra. Cette hypothèse n'est plus la même que celle où l'hôtelier découvre des détériorations en cours du bail : il s'agit alors de résiliation possible. Ici il ne saurait y avoir que la mise en jeu de la responsabilité contractuelle du voyageur. En effet, aux termes de l'article 1732, le preneur « répond des dégradations ou des pertes qui arrivent pendant la jouissance à moins qu'il ne prouve qu'elles ont eu lieu sans sa faute ». Il y a en matière de responsabilité contractuelle une présomption de faute contre le débiteur et c'est à lui à la détruire.

Notons aussi que dans le bail, le preneur est tenu des dégradations et pertes qui arrivent par le fait des personnes de sa maison, article 1733. Cette règle s'appliquera au voyageur qui répondra des détériorations et destruction de ses serviteurs logeant avec lui dans l'auberge.

Il nous semble inutile d'appuyer davantage sur cette responsabilité contractuelle du voyageur. Pour les pertes et détériorations de la chose louée, elle est soumise aux règles générales de la matière qui sont connues. Constatons-en une fois de plus la mise en œuvre par le législateur en matière d'incendie dans les lieux loués. Le locataire « répond de l'incendie à moins qu'il ne prouve que l'incendie est arrivé par cas fortuit ou force majeure, par vice de construction, ou que le feu a été communiqué par une maison voisine » article 1733. C'est toujours la présomption de faute contre le débiteur contractuel qui frappera le voyageur en tant que locataire.

En second lieu, le voyageur doit payer le prix de son logement et des divers services fournis par l'hôtelier, en général le jour de son départ, mais il est d'usage de payer parfois d'avance. C'est ce qui se passe notamment pour la convention d'auberge d'une seule nuit. Le lieu du paiement est en principe l'auberge elle-même. Il est tenu également d'indemniser le patron de l'auberge des dépenses qu'il a faites pour la réception, la conservation des objets apportés et déposés et des pertes que le dépôt des dits effets a pu lui causer (article 1947).

Au point de vue des dépenses, il faut noter qu'il ne s'agit que des frais conservatoires et non de simple amélioration ou d'agrément (impenses utiles ou voluptuaires). On admet cependant qu'à l'égard de ces deux dernières catégories, l'hôtelier aurait le droit de réclamer l'enrichissement procuré au voyageur par les impenses utiles et celui d'enlever sans dégradation les enjolivements qu'il aura pu faire aux objets déposés, (impenses voluptuaires).

Si le voyageur refuse de payer le prix du contrat d'auberge aux termes convenus, la sanction de ce refus est encore indiquée par l'article 1184. L'aubergiste a le choix ou de résoudre le contrat ou de forcer le voyageur à le payer. C'est généralement cette dernière mesure qu'il prendra. Nous savons, en effet, que très souvent le prix ne se solde qu'à la fin du contrat ; une résolution intervenant alors serait sans intérêt. D'autre part, l'aubergiste a des garanties légales qui ont pour effet d'assurer ce paiement, et il n'a aucune raison de ne pas en user. En dehors du prix du contrat d'hôtellerie, le voyageur aura à indemniser l'aubergiste de tous les débours que ce dernier aura faits pour lui à titre de services d'hospitalité.

Nous en avons terminé avec l'étude des obligations de l'hôtelier et du voyageur et de leur sanction. Nous allons maintenant étudier les garanties légales de l'hôtelier que nous signalions tout-à-l'heure.

CHAPITRE V

DES GARANTIES DANS LE CONTRAT D'AUBERGE

Notre but dans cette section n'est point d'étudier les garanties d'exécution du contrat d'auberge résultant des principes généraux du droit.

Nous nous bornerons à parler ici des moyens préventifs en quelque sorte, mis à la disposition des parties contre l'infraction à l'accord existant entre elles, qui rendront plus commode et plus sûre l'exécution de la sanction possible à la violation de cet accord.

Ces moyens préventifs peuvent être de deux sortes : ou fournis par les parties elles mêmes au moment de leur engagement, ou créés par la loi ; ces derniers sont les plus importants.

SECTION PREMIÈRE

GARANTIES CONTRACTUELLES

Le voyageur et l'aubergiste peuvent, en prévision d'une violation quelconque du contrat d'auberge, se donner des garanties : ainsi la constition d'un gage aux mains de l'un ou de l'autre. Le voyageur pour donner confiance à son hôtelier lui remet un bijou, un titre au porteur, une somme en gage. La réciproque est imaginable, quoique beaucoup plus rare. On appliquera alors les règles du contrat de gage que nous aurons l'occasion d'examiner bientôt.

La garantie peut encore consister, mais elle sera moins fréquente sous cette forme, en la dation d'une sûreté personnelle au lieu d'une sûreté réelle comme le gage : par exemple le cautionnement, l'engagement par un tiers de couvrir l'hôtelier des infractions du voyageur et inversement. On suivra en ce cas les règles du cautionnnement. Nous n'insistons pas sur ces garanties contractuelles : elles n'ont aucun intérêt pratique, à raison des garanties légales et à raison de ce que les parties n'en usent pour ainsi dire jamais, tout au moins du cautionnement.

SECTION DEUXIÈME

GARANTIES LÉGALES

Les garanties légales n'ont été édictées qu'en faveur de l'hôtelier, le voyageur qui ne s'est pas fait couvrir par une sûreté contractuelle, n'a sous la main que la sanction de l'exécution judiciaire souvent lente et dispendieuse. La raison de la faveur accordée à l'aubergiste s'explique : il court en effet beaucoup plus de risques que son client, car il aura à supporter son insolvabilité qui peut être fréquente, tandis que le voyageur a souvent pour garantie l'établissement même de l'hôtelier. D'autre part, c'est peut être aussi une compensation aux charges fort lourdes qui pèsent sur celui-ci, notamment la responsabilité du dépôt.

Les sûretés accordées par la loi à l'aubergiste sont un privilège sur les objets du voyageur transportés dans l'hôtellerie; un droit de rétention sur ces objets, et enfin le droit de réaliser le gage légal composé par ces objets dans des conditions déterminées par la loi du 31 mars 1896.

§ Iᵉʳ. — Privilège de l'aubergiste

Le privilège de l'aubergiste est consacré par l'article 2102, relatif aux privilèges spéciaux sur les meubles, qui, dans son cinquième alinéa, déclare privilégiées « les fournitures d'un aubergiste sur les effets du voyageur qui ont été transportés dans son auberge.

Quelles sont les causes de cette garantie légale et quelles sont les règles à y appliquer ? Il est généralement admis que cette disposition est fondée par la loi sur une constitution tacite de gage. Le tenancier d'auberge reçoit en effet pour les besoins de sa profession, par nécessité commerciale, sinon par obligation personnelle, des gens absolument inconnus de lui ; comment apprécier leur solvabilité, si ce n'est par les apparences plus ou moins importantes qu'offrent les objets apportés par eux ? Ce sont donc ces bagages qui donnent confiance à l'hôtelier ; c'est sur eux qu'il compte pour se couvrir des frais que fera leur possesseur; et, d'autre part, ce sont eux que ce dernier présente à ses yeux comme constitutifs de sa solvabilité extérieure et que tacitement il lui constitue en gage lors de son entrée dans l'auberge.

On ajoute quelquefois à ces motifs le suivant : sans cette garantie la profession d'hôtelier serait fort dangereuse, peu tenable et pouvant mener facilement à la ruine. Or, c'est une profession très utile et que dans l'intérêt général il ne faut pas laisser péricliter.

Le privilège est comme le droit de réalisation du gage de la loi de 1896, un moyen ultime en quelque sorte contre le client malhonnête. Les aubergistes ont, heureusement pour eux, affaire le plus souvent à des hôtes loyaux et sachant payer. S'il en était autrement ils pourraient en général renoncer au métier, car les bagages du voyageur sont quelquefois de si minime importance qu'ils ne suffisent pas à la garantie.

Les règles applicables à ce privilège de l'aubergiste sont celles relatives aux privilèges spéciaux sur les meubles. Il consiste en un droit de préférence sur le prix des effets apportés par le voyageur dans l'auberge. En vertu de ce droit, l'hôtelier pourra, si ces objets viennent à être vendus, se faire payer sur le produit de la vente, de ce qui lui est dû par le voyageur avant tous les autres créanciers de ce dernier, à moins bien entendu que ceux-ci n'aient eux-mêmes un droit de préférence supérieur au sien. Ce droit de préférence, l'aubergiste pourra l'exercer dès que sa créance existera. Il devra exécuter lui-même le débiteur conformément aux lois de la procédure et aux règles du gage (article 2078 du Code Civil), que nous retrouverons, et après la mise en vente des objets affectés à sa garantie, il pourra user de son droit.

Sur les conditions d'exercice du privilège, la question de savoir, si une saisie-gagerie des effets par l'aubergiste est préalablement nécessaire, est discutée. Les uns soutiennent sa nécessité et s'appuient à cet égard sur les travaux préparatoires de la loi de 1838 sur les Justices de paix, notamment le rapport de M. Gasparin. « On conçoit, disait celui-ci, que si le demandeur est l'aubergiste, une saisie-gagerie des effets du voyageur, déjà prévue par l'article 822 du Code de Procédure civile, puisse ramener l'affaire devant le même juge de paix ».

On prétend que « l'aubergiste ne peut, de sa propre autorité, retenir les effets du voyageur. Pour exercer son privilége il doit exercer une saisie-gagerie ». Cette théorie est rejetée : d'abord les travaux préparatoires cités ne se réfèrent pas à la nécessité d'une saisie-gagerie, mais à la question discutée alors de savoir si l'on devait toujours attribuer compétence au juge de paix du lieu de l'auberge, question que nous retrouverons.

De plus cette formalité entraînerait des lenteurs et des frais qui sont en contradiction absolue avec l'esprit de la loi de 1838. Sans compter qu'en général on tient le juge de paix compétent pour autoriser la saisie-gagerie de l'article 822 du Code de procédure civile, comme incompétent sur les suites de cette saisie (1).

____

(1) Voir sur cette controverse. CARRÉ. *Op. cit.*, n° 187.

Enfin, ce privilège mobilier n'exige aucune formalité pour sa conservation. Il existe par le seul fait que la créance existe et dure autant qu'elle, pourvu que le créancier reste en possession. L'absence du droit de suite dans le privilège mobilier de l'hôtelier n'empêche pas ce dernier de constituer un droit réel : la question a été discutée au sujet des privilèges mobiliers en général, on leur nie ce caractère de droit réel, parce qu'ils ne peuvent être opposés aux tiers détenteurs et que l'un des attributs essentiels du droit réel est le droit de suite. On peut faire avec M. Laurent une réponse décisive à cette objection : « La propriété aussi ne peut être revendiquée contre un tiers possesseur quand il s'agit d'une chose mobilière corporelle ; ce qui n'empêche pas la propriété mobilière d'être un droit réel » (1). D'ailleurs si le tiers acquéreur du meuble, objet du privilège, n'a pas été mis en possession par le débiteur, son vendeur, le privilège s'exercera, malgré la vente qu'en a faite ce débiteur ; ceci confirme bien le caractère réel, le *jus in re* du créancier privilégié (2).

Quant au rang du privilège de l'aubergiste, en cas de concours de celui-ci avec d'autres créanciers privilégiés du voyageur, il est fixé conformément aux principes généraux ; on sait que la loi n'a pas fixé l'ordre du concours des privilèges mobiliers spéciaux entre eux. La seule notion précise que l'on ait, c'est que ces privilèges sont classés d'après leur cause « Pivilegia

<hr>

(1) LAURENT. T. XXIX, n. 314.
(2) GUILLOUARD. *Privilèges et Hypo.*, T. I, n. 173.

ex causa æstimartur ». Les créanciers privilégiés ne seront préférables à d'autres créanciers privilégiés que si la cause de leur droit de préférence doit être considérée comme préférable à celle des autres : cette cause, elle se trouve dans la qualité de leur créance. Avec cette notion, on à établi des classements très divers : le plus généralement adopté est celui de MM. Aubry et Rau ; en première ligne les frais de conservation et constatation de la masse commune, de sa réalisation et de la distribution du prix en provenant, en second lieu les créances des détenteurs de bonne foi en vertu d'un nantissement exprès ou tacite; puis les frais de conservation de la chose ; enfin la créance du vendeur de la chose qui n'en a pas encore touché le prix. Il serait trop long et peut-être en dehors du cadre de notre sujet, d'exposer en détail les motifs de ce classement et ceux des classifications différentes des autres auteurs. Bornons-nous à indiquer que les privilèges peuvent dériver de différentes causes : de créances, soit acquises en voulant conserver l'actif du débiteur, soit dérivant d'une aliénation à titre onéreux consentie à ce débiteur qui n'a pas exécuté son obligation de payer, soit provenant de frais exposés pour conserver une chose particulière du débiteur, soit résultant d'une garantie expresse ou tacite fournie au moyen d'une de ses choses par le débiteur, soit enfin fondées sur des motifs d'ordre public et d'humanité. On peut apprécier diversement la valeur d'origine de ces créances et suivant cette appréciation les préférer l'une à l'autre de façons très diverses. Le classement de MM. Aubry et Rau a l'avantage de respecter d'assez près les indications de la loi : en effet, on serait tenté de donner au moins le deuxième rang au privilège du vendeur non payé, qui a mis la chose dans le patrimoine du débiteur et sans l'intervention duquel les autres créanciers n'auraient rien, sur quoi ils puissent exercer leur droit. Mais on a fait remarquer, avec raison, que l'article 2102, 4° al. 3 dispose expressément que ce privilège ne s'exerce qu'après celui du bailleur, fondé sur un nantissement et que le législateur semble avoir voulu par là préférer les privilèges fondés sur cette même cause; que d'autre part, le vendeur est également primé par celui qui a fait des frais pour la conservation de la chose vendue, parce que ceux-ci ont tourné au profit du vendeur. De là le rang préindiqué entre les privilèges spéciaux sur les meubles. Il en résulte que celui de l'aubergiste viendra immédiatement après ceux des frais de conservation de la masse commune du débiteur.

Mais d'abord ces derniers frais donnent lieu à un privilège général et il peut y avoir d'autres privilèges généraux en ligne : que va devenir en face d'eux celui de l'hôtelier ? Autre discussion. On a prétendu que les privilèges généraux devaient toujours primer les privilèges spéciaux, parce qu'ils sont fondés sur des raisons d'ordre public et d'humanité. Mais cette idée, qui n'a de fondement nulle part, est généralemet rejetée. Il ressort, en effet, des articles 661 et 662 du Code de procédure, que l'intention du législateur est de faire primer les privilèges généraux autres que les frais de

justice par le privilège spécial du bailleur et par
analogie par tous les privilèges spéciaux dérivant du
nantissement. Les privilèges généraux ne primeront
donc que ceux spéciaux de conservation de la chose
et du vendeur non payé.

La situation ainsi établie, nous pouvons déclarer
que le privilège de l'aubergiste prendra rang immédiatement après celui des frais de justice pour la
conservation de la masse commune du voyageur.

Il nous reste maintenant à voir le domaine exact du
privilège de l'aubergiste, tel qu'il est édicté par
l'article 2102, 5°. Ce droit n'appartient qu'aux aubergistes, c'est à dire, à ceux qui font profession de loger
les voyageurs ; comme il est de règle que les logeurs
en garni soient assimilés aux aubergistes pour leur
profession, il est nécessaire d'en conclure qu'ils pourront, eux aussi, invoquer ce privilège (1). La solution
est pourtant discutée : il faut remarquer que la discussion tient d'abord à une divergence d'opinions sur
la notion de l'aubergiste ; pour les auteurs qui ne
veulent pas accorder le privilège au logeur en garni,
ce dernier n'est pas un aubergiste au sens propre du
mot, car des attributions complexes de l'aubergiste
qui fournit le vivre et le couvert, il n'a qu'une seule
fourniture de logement, ce qui est insuffisant (2).
Nous avons, dès le début de cette étude, indiqué que
selon nous la fonction essentielle de l'aubergiste était

(1) LAURENT. T. XXIX, n° 506.
(2) GUILLOUARD. *Priv. et Hypo.*, T. I, n° 426. — BAUDRY-LACAN-
TINERIE et DE LOYNES. *Priv. et Hypo.*, T. I, n° 543.

de fournir le logement au passager, ce qui comprend dans la définition le logeur en garni. On ajoute que les raisons du privilège n'existent plus. Le logeur en garni peut demander à son locataire à titre de garantie le paiement d'avance, ce qu'il fera le plus souvent. Le privilège lui est donc inutile, s'il est prudent. Il lui est même d'autant plus inutile qu'il a déjà le privilège du bailleur (article 2102, 1°) qui remplit le même office.

Quelque sérieux que soient ces arguments, ils ne nous semblent pas convaincants. L'aubergiste peut-être aussi prudent que le logeur en garni, et il peut également user du privilège du bailleur, car il est un bailleur, nous l'avons suffisamment montré et cependant la loi lui accorde un privilège spécial. Pourquoi le refuser au logeur en garni dont la fonction est analogue? La loi veut tout ensemble assurer un gîte aux voyageurs et garantir la créance de celui qui les reçoit. Elle doit privilégier ceux qui reçoivent les passants. (1). Mais il en sera tout autrement des cafetiers, cabaretiers, restaurateurs, des directeurs de théâtre et de bains publics. Il ne faut pas oublier que non seulement la réglementation spéciale aux aubergistes n'est en principe jamais extensible, mais aussi qu'en matière de privilège tout est de droit étroit en vertu de cet axiôme, qu'il ne saurait y avoir de privilège sans texte.

En outre le droit de préférence de l'aubergiste n'existe que dans ses rapports avec un voyageur,

(1) Laurent. *Loc. cit.*

c'est-à-dire un passager descendu chez lui pour y loger.
S'il a loué par exemple des appartements à des habitants de la ville où est exploité le commerce, le privilège n'a pas lieu, car ce ne sont plus des voyageurs.
D'ailleurs, il est indifférent de tenir compte du plus ou
moins de durée du séjour du voyageur, du moment
que c'est un voyageur, le privilège existe (1). Comme
dit très bien M. Guillouard : « Les longues installa-
tions, surtout dans certaines villes préférées, sont tout-
à-fait dans les mœurs modernes et leur longueur ne
change pas la nature des rapports juridiques de l'hôtelier et des voyageurs » (2).

Quelles sont les créances garanties par le privilège ?
La loi dit : « Les fournitures de l'aubergiste » cette
expression comprend de l'avis général la nourriture du
voyageur et de ceux qui l'accompagnent, celle des
chevaux qu'il amène avec lui et les frais de logement
des uns et des autres. Il ne saurait s'agir toutefois que
des fournitures personnelles du voyageur et non de
celles faites à d'autres consommateurs et qu'il se serait
engagé à payer (2). On se souvient avoir vu plus haut,
que dans notre ancien droit la théorie qui prétendait
ne donner privilège à l'hôtelier que pour les dépenses
non excessives, n'avait pas prévalu. Les raisons invo-
quées à cette époque sont absolument identiques de nos
jours, le texte ne fait aucune distinction ; toutes les

---

(1) Paris, 1er février 1867. SIREY, 67.2.80.
(2) GUILLOUARD. *Priv. et Hyp.* T. I, n° 425.
(3) Justice de paix de Royat, 17 décembre 1885. *Moniteur des juges
de paix*, 1886, 66.

dépenses sont légitimes et toutes protégées par le privilège. Car comment l'hôtelier ignorant des ressources de son client, peut-il apprécier si la dépense de celui-ci va les excéder et l'empêcher d'en arriver là ? Nous voyons ici que les créances garanties ne sont pas toutes celles que l'hôtelier peut avoir contre le voyageur : ce sont les plus importantes, mais l'examen des divers rapports des aubergistes et voyageurs nous a montré qu'il peut y en avoir d'autres ; telles sont, notamment, les diverses créances dérivant de la responsabilité contractuelle ou délictuelle du voyageur, qui donnent droit pour l'hôtelier à une indemnité. Etant donné le principe de l'interprétation stricte en matière de privilège, on ne peut étendre la garantie à ces dernières créances ; car il ne s'agit plus là de fournitures ». Nous avons émis plus haut cette idée que le droit de rétention serait applicable à ces créances, car elles ont pris naissance à raison du contrat d'auberge, et c'est en exécution de ce contrat que les effets du voyageur ont été déposés à l'auberge, ce qui établit une certaine connexité entre la dette et la chose retenue.

Si cette idée est exacte, il y a une lacune dans la loi qui a trop limité le privilège de l'aubergiste pour les créances garanties. Il est exorbitant, en effet, de voir un voyageur, qui doit une forte indemnité à l'hôtelier pour des dégradations ou destructions commises dans l'établissement, partir sans régler cette indemnité et pouvoir librement se moquer de l'aubergiste en lui abandonnant quelques bagages, du moment qu'il a réglé les fournitures. La situation est plus intolérable encore si l'on suppose que le droit de rétention n'existe pas et que le voyageur indélicat peut même soustraire à l'hôtelier la garantie insuffisante de bagages trop misérables. Ce sont les effets du voyageur qui ont été transportés dans l'auberge qui constituent les biens grevés du privilège. L'étude précédemment faite de la responsabilité de l'hôtelier en matière de dépôt, nous dispense d'insister sur le sens de cette expression de l'article 2102, 5°. Elle correspond absolument à celle des articles 1952 et suivants et comprend tous les objets mobiliers apportés par le voyageur, qu'ils soient sa propriété ou non (1). En effet, la maxime « en fait de meubles, possession vaut titre » ne protège pas que l'acheteur, tout acquéreur d'un droit réel, comme le créancier gagiste, peut s'en prévaloir s'il est de bonne foi (2) et si le gage a été régulièrement constitué. « La simple détention à titre de gage d'objets mobiliers, disent à cet égard MM. Aubry et Rau, produit, en ce qui concerne les privilèges fondés sur le nantissement, le même effet que la possession proprement dite en ce qui concerne le droit de propriété. Il en résulte que le créancier qui, de bonne foi, a reçu en gage d'un détenteur précaire un objet mobilier, est en droit de repousser, jusqu'à payement de sa créance, l'action en revendication exercée contre lui » (3).

Nous avons montré que le privilège de l'aubergiste

(1) Dijon, 11 juillet 1872. DALLOZ, 73, 2, 215.
(2) Civ. Cass., 28 mars 1888. DALLOZ, 88, 1, 253 ; SIREY, 88. 1, 265.
(3) AUBRY et RAU. *Cours de Cod. civ. fr.*, 4° éd., T. II, § 183, p. 115.

était, lui aussi, fondé sur une idée de nantissement. Il s'exercera donc dans les mêmes conditions que le privilège du créancier gagiste.

Toutefois, l'aubergiste ne pourrait réclamer son privilège sur les effets qui n'appartiennent pas au voyageur s'il est de mauvaise foi, si par exemple il savait, lors de l'introduction des effets dans l'hotellerie, qu'ils n'étaient pas la propriété du voyageur. La loi le dit expressément pour le conflit entre deux créanciers privilégiés, en notre espèce le vendeur non payé et l'aubergiste (article 4102 du Code Civil, 4° al. 3) (1).

Il ne saurait non plus se prévaloir de son privilège si les choses avaient été volées à leur propriétaire ou perdues par lui ; c'est le principe de l'article 2279 qui domine toute cette matière (2).

On s'était demandé si le privilège s'exerçait sur les meubles incorporels, notamment sur les valeurs et titres au porteur. L'affirmative était généralement admise. La loi du 18 avril 1889 a tranché la question en décidant dans quelles limites la responsabilité s'appliquerait à ces valeurs. C'est donc que ces valeurs rentrent dans le terme générique « effets apportés par le voyageur », employé par l'article 1952 et par l'article 2102, 5°. Mais ne faut-il pas décider que le privilège ne peut être exercé que jusqu'à concurrence de mille francs, selon le texte de 1889 ? Nullement !

(1) Cass., 28 mars 1888, DALLOZ, 88, 1, 253 ; SIREY, 88, 1, 265. — AUBRY et RAU, *Cours de Code civil*, III, p. 162, § 261. — LAURENT, *Dr. civ.*, XXIX, n° 509. — COLMET DE SANTERRE, IX, n. 32 *bis*.

(2) AUBRY et RAU, *op. cit.* — LAURENT, *op. cit.* — COLMET DE SANTERRE, *op. cit.*

En effet, si la loi a limité à ce chiffre la responsabilité de l'aubergiste, c'était pour prémunir les aubergistes contre ce que leurs obligations imposées pouvaient avoir d'excessif. Ici, le motif de limitation n'existe plus, il s'agit, au contraire, de permettre aux hôteliers de rentrer dans leurs créances. Il est de toute évidence que l'actif entier du débiteur doit servir à éteindre son passif.

On admet généralement, et sans discussion, que le privilège de l'aubergiste, essentiellement fondé sur la possession, s'éteint lorsqu'il laisse de son plein gré enlever les effets du voyageur (1). On en conclut que la garantie de l'aubergiste n'existe sur les effets du voyageur que pour les fournitures du voyage actuel pendant lequel ils ont été apportés, et non pour celles d'un voyage antérieur ; le privilège qui a pu exister sur eux lors de ce voyage s'est éteint par la dépossession définitivement et ne peut revivre. Tout le monde est d'accord à ce sujet (2).

Que décider, s'il y a un détournement des effets sans le consentement de l'aubergiste ? Le privilège subsiste-t-il ? La raison d'en douter est que cette garantie, fondée sur un nantissement, disparait avec la dépossession du créancier, comme toutes garanties ayant cette origine. Pour que le privilège subsiste, il faut supposer à l'hôtelier un droit de revendication des objets, analogue à celui qui est accordé au bailleur,

(1) Pothier. *Proc. civ.*, chap. II, section 2, art. VII, § 2. — Pont. *Des priv. et hypo.*, I, n° 166. — Laurent. — T. XXIX, n° 509.

(2) Voir les auteurs précités. — Nantes, 20 septembre 1873, Sirey, 34.2.256.

droit qui a pour but de le faire remettre en possession. L'existence de cette revendication au profit de l'hôtelier a été très discutée et de nombreuses opinions se sont fait jour. Prenons d'abord les partisans de la revendication, ils basent leur théorie sur un argument d'analogie de l'existence de ce droit au profit du bailleur ; celui-ci a un privilège fondé sur un nantissement, comme notre hôtelier ; les raisons de décider sont les mêmes ; on ajoute que dans la théorie adverse on admet parfaitement la revendication sans texte pour le créancier gagiste (en vertu d'un contrat exprès de gage), et que l'hôtelier n'est autre qu'un créancier gagiste tacite. Et pour répondre à l'argument de l'opinion adverse, qui invoque le principe d'interprétation stricte en matière de privilège, on dit que le droit de retention accordé sans discussion à l'aubergiste n'est pas non plus prévu par le texte et qu'il n'a rien de moins exorbitant que celui de revendication (1). Il y a cependant des divergences d'opinion sur le délai durant lequel cette revendication pourra être exercée. Les uns poussant l'analogie avec la revendication du locateur jusqu'au bout, le limitent à quinze jours à partir du déplacement; les autres, au contraire, voyant surtout dans ce droit une application de l'article 2279, alinéa 2 du Code civil, l'étendent à trois ans, à partir du même moment, conformément aux dispositions de ce dernier texte (2).

(1) BAUDRY-LACANTINERIE. *Op. cit.*, I, n° 549.
(2) 1re opinion. MOURLON. *Examen critique du commentaire de M. TROPLONG*, I. n° 144, et BAUDRY-LACANTINERIE, *cit. supra*. —

Les adversaires de la revendication argumentent en première ligne de l'absence de texte consacrant le droit en question pour l'aubergiste, et du caractère strict des lois en matière de privilège. Le reste de leur argumentation n'est guère qu'une réponse aux diverses objections qu'on fait à la première partie de celle-ci : sans doute, ils admettent la revendication du créancier gagiste sans texte, mais c'est en vertu de la tradition historique qui n'existe plus, ou du moins ne paraît pas avoir existé pour l'hôtelier ; d'ailleurs, à l'égard de ce dernier, il y a entre lui et la chose un lien beaucoup moins étroit qu'en cas de gage exprès. « Il est plutôt un dépositaire avec un droit de rétentio , accompagné d'un droit de préférence sur les effets « hostelez » qu'un véritable gagiste ; et on comprend, que ce droit peu étendu disparaisse au cas de déplacement des effets du voyageur » (1). Ces auteurs essayent enfin de tirer parti des divergences d'avis des théoriciens opposés sur le délai de la revendication ; elles montrent qu'ils ne sont point sûrs du fondement de leur thèse. Comment admettre qu'on donnerait trois ans à l'aubergiste, lorsqu'on ne donne que quinze jours au bailleur dont le privilège a une autre importance sociale ? Et on ne peut, d'autre part, appliquer par analogie la disposition relative au bailleur qui est tout à fait spéciale par son texte, par ses motifs et par la distinction

2ᵐᵉ opinion, MARTON, *Priv. et Hypo.*, II. n° 154. — PONT, *Priv. e. Hypo.*, I. n° 167.

(1) GUILLOUARD, *Priv. et Hyp.*, T. I. n° 431. — AUBRY et RAU, § 261*t* — LAURENT, T. XXIX, n° 510.

qu'elle établit entre le bail d'une ferme et celui d'une maison.

L'option entre ces diverses théories nous paraît bien délicate.

Nous croyons cependant qu'il faut accorder à l'aubergiste un droit de revendication fondé sur l'article 2279, car la généralité de ses termes ne permet pas d'en restreindre le bénéfice au seul propriétaire.

Ce droit pour l'aubergiste n'est d'ailleurs qu'une conséquence logique de son privilège et de l'analogie de sa situation avec celle du créancier gagiste.

Signalons enfin pour en terminer avec cette matière du privilège qu'en dehors de la disposition de l'article 2102, 5°, l'aubergiste pourra dans certains cas invoquer l'article 2101, 3° et 5°.

§ II. — Du droit de rétention

Nous avons accordé à l'aubergiste le droit de revendication, faut-il lui concéder celui de rétention ?

La question ne laisse pas d'être discutée. Pour les uns le droit de rétention ne peut exister sans texte. En effet il constitue une cause de préférence pour le créancier qui en est nanti, car celui-ci sera payé avant les autres en paralysant l'action du débiteur qui veut reprendre sa chose et qui paiera pour l'obtenir. Or en règle générale, les créanciers sont placés par la loi sur la même ligne (article 2093), et ils ne sont préférés les uns aux autres qu'en vertu d'un texte. Pas de cause de préférence, pas de droit de rétention sans texte (1).

Ce système n'a pas prédominé, la plupart des auteurs admettent l'extension du droit de rétention à des cas non prévus expressément par la loi et ce par analogie. Cette théorie est également celle de la jurisprudence.

Pour les partisans de cette dernière opinion, le droit de rétention n'est pas un véritable droit de préférence, il n'a d'autre résultat que de donner au créancier nanti un moyen de tenir le débiteur et de le pousser à payer. Il ne lui permet pas d'exécuter l'objet qu'il détient et de se faire payer sur le prix. Il constitue par suite une garantie incomplète en elle-même, puisqu'elle ne peut aboutir qu'à ennuyer le débiteur et non à le contraindre à s'exécuter à payer, s'il ne le veut pas. C'est ce qui fait qu'on a pu le considérer comme n'étant pas, d'une façon absolue, un droit de préférence, car celui-ci donne à son possesseur la faculté d'être payé avant tous autres sur le prix de la chose qui est susceptible d'être vendue à un moment déterminé, tandis qu'ici, la vente n'est jamais possible, tant que la chose est aux mains du rétenteur, et que d'autre part, si le rétenteur l'abandonne pour qu'elle puisse être vendue, il perd tout droit et subit le concours des autres créanciers.

Le droit de rétention, n'étant pas un droit de préférence, n'en suit pas les règles et peut donc être étendu par voie d'analogie. Mais quelles sont les règles de cette analogie? Ici les auteurs ne s'entendent plus et donnent chacun un criterium différend; c'est même le

(1) Laurent. T. XXIX, n° 511.

principal argument qui a été élevé contre la justesse de leur théorie. Le criterium le plus rationel est celui qui veut, pour étendre le droit de rétention, qu'il y ait connexité entre la créance du rétenteur et la chose retenue : *debitum cum re junctum* et que la créance résulte d'un contrat ou d'un quasi-contrat. Il y a en effet *debitum cum re junctum* dans les hypothèses de la loi et elles ne se présentent toujours qu'en matière contractuelle.

Enfin les partisans de la première opinion admettent cependant une restriction à la rigueur de leurs principes, en accordant le droit de rétention par voie d'analogie, lorsqu'il s'agit d'un créancier dont la créance est garantie par un privilège, parce qu'alors il ne constitue pas une cause de préférence, mais n'est qu'un accessoire, un auxiliaire du privilège. On peut admettre alors qu'il a été sous-entendu par le législateur qui l'accorde dans des situations moins favorables à des créanciers auxquels il refuse le privilège (1).

Il y a d'ailleurs encore d'autres motifs qui selon nous militent en faveur du droit de rétention de l'hôtelier. C'est d'abord la tradition historique : l'article 175 de la coutume de Paris, dont notre article 2102, 5° n'est qu'une reproduction, reconnait ce droit à l'aubergiste « et les peut l'hôtelier retenir jusqu'à paiement. »

De plus comme le dit très bien M. Martin « le droit » de rétention peut-être considéré comme étant de

(1) BAUDRY-LACANDINERIE, *Précis du droit civil*, T. III, n° 1057. Edition de 1893.

» l'essence de tous les privilèges qui, fondés sur le
» gage, s'évanouissent par la dépossession du créan-
» cier. »

Nous concluerons donc qu'il faut accorder à l'hôtelier un droit de rétention.

Voyons maintenant quels sont les effets de ce droit
de rétention ? Il permet à l'aubergiste de garder les
effets déposés ou apportés par le voyageur, tant que
celui-ci n'a pas payé ce qu'il lui doit pour une cause
quelconque dérivant du contrat d'auberge, ce qui
signifie que le droit de rétention peut-être exercé non
seulement pour le recouvrement du prix d'auberge,
mais encore pour toutes dettes du voyageur vis-à-vis
de l'hôtelier et dérivant de la convention d'hôtellerie.

§ 3. — Du droit de réalisation du gage accordé par la loi de 1896

Nous avons vu que si le droit de rétention et le
privilège constituent des garanties pour l'aubergiste,
elles sont en elles-mêmes insuffisantes, en ce sens
notamment qu'elles ne permettent pas d'exécuter
facilement et promptement le gage tacite consacré au
profit de l'aubergiste, avec le moins de frais possible.
La procédure en effet n'est pas précisément gratuite et
l'aubergiste, malgré les moyens d'exécution que lui
donne la loi, hésitait souvent à les employer de peur
que les frais ne dépassent la plupart du temps la valeur
des objets affectés à sa garantie. C'est pour remédier

à cet état de choses qu'a été faite la loi du 31 mars 1896 sur la vente des objets abandonnés ou laissés en gage par les voyageurs aux hôteliers et aubergistes.

1° Historique de cette loi

Cette loi du 31 mars 1896 est due à l'initiative de la Chambre syndicale des hôteliers-logeurs de Paris, qui adressa, le 18 mai 1890, une pétition à la Chambre des députés, ayant pour objet d'obtenir la vente, avec simple cédule de paix, des objets abandonnés ou laissés en gage par les voyageurs, après un délai d'un an et un jour. Les motifs donnés par cette pétition étaient à peu près ceux que nous venons d'exposer dans le préambule de ce paragraphe. Le rapporteur de la commission des pétitions de la chambre conclut, le 12 novembre 1891, à la prise en considération de la requête et ordre fut donné de la renvoyer au ministre de l'intérieur, avec prière de préparer un projet de loi simplifiant la procédure de l'exercice du droit de gage et permettant aux hôteliers de débarrasser leur établissement des objets abandonnés par les voyageurs, en sauvegardant dans une mesure suffisante la propriété du voyageur disparu. Le Ministre de l'intérieur, auquel cette question de modification des régles du Code civil et de procédure parut n'être pas de son ressort, l'adressa au Garde des sceaux. Ce dernier confia l'étude de ce projet au Conseil d'État dont le travail fut terminé et déposé sur le bureau de la Chambre des députés, le 17 mai 1892, par le Garde des sceaux avec un rapport de **M. Hippolyte Duboys**, conseiller d'état.

Cette proposition de loi visait d'abord les effets laissés en gage de sa dette par le voyageur et en second lieu ceux abandonnés par ce dernier et dont l'hôtelier continue après son départ à être dépositaire. Elle tendait à modifier la procédure jugée excessive et coûteuse qui était imposée à l'hôtelier pour faire vendre, soit en vertu de son droit de gagiste et conformément à l'article 2078, soit à raison de ce qu'il ne devait pas être tenu de rester dépositaire d'objets dont il n'avait accepté que momentanément la garde et qui demeuraient entre ses mains, contrairement à la convention des parties, d'après laquelle ils devaient en sortir en même temps que leur apporteur quittait l'auberge. Le projet contenait les dispositions suivantes : l'autorisation de vendre les objets abandonnés ou laissés en gage était donnée, sur requête par ordonnance du juge de paix du canton où étaient ces objets. Cette ordonnance fixait le jour et l'heure de la vente et évaluait la créance de l'hôtelier. La vente était annoncée huit jours à l'avance par trois placards affichés à l'hôtel, à la maison commune et à l'auditoire de la justice de paix. Elle avait lieu là où se trouvaient les objets par le greffier de la justice de paix ou un huissier commis, tant en absence que présence du voyageur débiteur. Le produit de la vente était remis jusqu'à concurrence de la créance à l'aubergiste; l'excédant, s'il y en avait, était déposé à la caisse des dépôts et consignations dans la quinzaine de la vente. Si les frais n'étaient pas couverts par le montant de la vente, l'hôtelier en supportait l'excédant.

Le rapport de M. Hippolyte Duboys complétait très nettement ce projet de loi. Nous ne saurions mieux faire que de le reproduire dans ses parties principales. « En fait, disait-il, après avoir exposé l'origine de la réforme proposée, la pétition demande des modifications à un titre de notre Code Civil et l'addition d'un chapitre au Code de procédure.

» Le titre auquel il y aurait à apporter certaines modifications est celui du dépôt et la procédure qu'il s'agit de créer a pour objet la réalisation rapide et économique des objets laissés en gage ou abandonnés chez les hôteliers, aubergistes ou logeurs par les voyageurs ayant quitté l'hôtel sans avoir payé leur dette.

» Au fond en ce qui touche les objets donnés régulièrement en gage, la demande des hôteliers ne peut rencontrer aucun obstacle : les articles 2073 et 2074 du Code Civil ont consacré le droit du créancier gagiste à se faire payer par privilège et préférence aux autres créanciers sur le prix de l'objet donné en gage. Mais aucune disposition ne règle la procédure à suivre pour en obtenir la réalisation.

» A l'égard des objets abandonnés par le voyageur, la situation a paru plus délicate à la commission de la Chambre des députés. Cette situation est réglée dans les trois articles suivants :

» Article 1942. — Les aubergistes ou hôteliers sont responsables comme dépositaires des effets apportés par le voyageur qui loge chez eux ; le dépôt de ces sortes d'effets doit être regardé comme nécessaire.

» Article 2336. — Ceux qui possèdent pour autrui ne prescrivent jamais par quelque temps que ce soit.

» Article 2202. — Les créanciers privilégiés sur certains meubles sont : 5° les fournitures d'un aubergiste sur les effets du voyageur qui ont été transportés dans son auberge.

» Sans parler de l'embarras (1) qu'on peut éprouver à concilier l'imprescriptibilité du dépôt avec l'exercice du privilège de l'aubergiste sur l'objet transporté chez lui, il y a encore à rechercher si l'article 1952 s'applique aussi bien au cas où il s'agit d'effets apportés par le voyageur, qu'au cas où il s'agit d'effets volontairement laissés par lui chez l'aubergiste au moment de son départ. Dans ce dernier cas, le dépôt a-t-il les mêmes caractères que dans le précédent?

» Il n'y a dans la jurisprudence moderne aucun précédent de nature à nous éclaircir, les auteurs que nous avons consultés sont également muets sur la question.

» L'ancienne jurisprudence est moins silencieuse.

» Il est à remarquer, dit Merlin, au sujet de l'article 175 de la *Coutume de Paris* (2), qu'on ne doit pas appliquer aux effets, qu'on laisse entre les mains d'un aubergiste, en partant de chez lui, la rigueur des

---

(1) Remarquons que cet embarras n'existe que dans l'imagination du rapporteur.

(2) *Coutume de Paris*, article 175 : « Dépens d'hôtelage livrés par hôtes à pèlerins ou à leurs chevaux sont privilégiées..... et les peut l'hôtelier retenir jusqu'à paiement, et si aucun autre créancier les voulait enlever, l'hôtelier a justes causes de soi opposer ».

règles établies relativement aux dépôts nécessaires que font dans sa maison les voyageurs qu'il reçoit.

» A cet égard, dit Aubled (*Traité des dépôts*, p. 206) il ne devient plus que dépositaire volontaire de la part des parties. L'hôtelier ne devient dépositaire que parce que le voyageur le veut; la confiance qu'on lui donne en ce cas, n'est pas une suite de sa profession. Il n'est plus astreint qu'aux obligations du dépositaire volontaire. Je l'ai vu juger ainsi en 1765 sur le rapport de..... (Merlin. rep. Vº Hôtelier, § 4, 4º).

» Pas plus que la *Coutume de Paris*, les articles du Code civil ne distinguent les objets apportés ou volontairement abandonnés dans l'auberge. Il est difficile d'admettre, dès lors, que l'aubergiste, lorsque le voyageur n'a pas fait connaître son domicile, soit obligé à les conserver éternellement, à attendre une réclamation qui ne se produira peut-être jamais, surtout lorsqu'en partant le voyageur n'a pas payé sa dette.

» Quoi qu'il en soit de cette distinction, le législateur a toujours le pouvoir de l'introduire dans la loi. Remarquons d'ailleurs que, dans tous les cas, qu'il s'agisse d'effets volontairement abandonnés ou d'effets donnés en gage, ces effets sont ordinairement de peu de valeur. Obliger, dès lors, l'hôtelier à recourir aux formes ordinaires de la procédure pour obtenir la permission de les faire vendre, c'est paralyser son droit. Les hôteliers sont donc fondés, comme le seraient tous les créanciers gagistes, à réclamer une procédure plus rapide et moins coûteuse.

« Examinons en effet ce qui se passerait aujourd'hui

pour la réalisation du gage ou de la vente des objets abandonnés.

» La demande étant indéterminée, l'affaire devait être portée devant le tribunal civil, car on ne peut songer, pour obtenir un jugement exécutoire, ni à l'ordonnance de référé, ni à la permission du juge de paix. Il s'ensuivrait, même devant un tribunal de troisième classe et pour un jugement par défaut, une dépense de plus de cent francs pour un intérêt très souvent inférieur à cette somme. Une procédure plus économique s'impose donc.

» Dans deux circonstances, au plus, l'insuffisance de notre législation sur ce point a été expressément reconnue. Lors de la discussion du Code Civil au Conseil d'Etat, un membre fit observer qu'il serait utile d'indiquer les formes dans les quelles le gage devrait être réalisé. Berlier répondit que la place de pareilles dispositions n'était pas au Code Civil, et il termina en disant :

» Cet objet ne sera pas négligé dans le Code de procédure (1). Nonobstant cette promesse, il ne fut rien fait. Il s'agit donc aujourd'hui bien moins d'innover que de réparer un oubli.

» En 1863, pareille lacune fut comblée pour les titres mobiliers donnés en gage aux agents de change et courtiers par une loi qui modifie et complète l'article 93 du Code de commerce (2). Ne peut-on faire

(1) Locré, *Procès-verbaux sur le Code Civil*, T. XVI, p. 27.

(2) La loi de 1863 n'a pas établi de règles spéciales pour le gage donné soit aux agents de change soit aux courtiers. Ce qu'on serait tenté de croire d'après l'expression défectueuse du rapporteur. Elle a posé les règles générales du gage commercial.

aujourd'hui pour les hôteliers ce qu'on avait promis de faire pour tous les créanciers et ce qu'on a fait pour les agents de change ?

» D'ordinaire, le gage n'est point constitué par acte authentique, et, quant à l'abandon il résulte d'un fait toujours susceptible de discussion. Un titre exécutoire est indispensable, dans tous les cas pour permettre au créancier d'agir contre son débiteur. Mais ce titre, comment l'obtenir d'un individu qui le plus souvent s'est dérobé sans laisser de traces ? Dans l'état actuel de la législation, c'est uniquement par action principale devant le tribunal civil. En effet, sauf exception, comme en matière de saisie gagerie, par exemple, le juge de paix n'a pas le pouvoir d'autoriser même un acte conservatoire. Le juge du référé, de son côté, ne peut ordonner une vente, s'il n'y a titre exécutoire. C'est donc le tribunal seul qui peut donner au créancier le titre dont il a besoin pour agir. On se trouve dès lors en face de cette procédure onéreuse contre laquelle on réclame justement un remède. Sans une disposition spéciale, eu égard à la modicité ordinaire des dettes d'hôtellerie, ce serait pour les hôteliers l'impossibilité de se faire rendre justice.

» Il faut chercher un juge plus rapproché du justiciable et une procédure moins onéreuse. La juridiction du juge de paix se présente naturellement à l'esprit comme remplissant cette double condition. C'est donc au juge de paix qu'on demandera de faire procéder à la vente. Cette autorisation sera réclamée par requête et sera accordée par ordonnance mise au bas de la requête, laquelle énoncera sommairement les faits, désignera les objets abandonnés ou donnés en gage, ainsi que la somme pour le paiement de laquelle les effets doivent être vendus. Le Conseil d'État place donc sur la même ligne les objets laissés en gage et les objets abandonnés. Il fait cesser les effets du dépôt nécessaire à l'expiration du délai d'une année fixé par l'article I du projet. Il croit pouvoir limiter à ce délai les obligations et les responsabilités spéciales qui pèsent sur les aubergistes et ne pense pas, comme le craint la commission de la Chambre, porter atteinte au principe de l'article 2236 du Code civil, qui range le dépositaire parmi les possesseurs précaires. Il ne s'agit pas, en effet, d'intervertir la cause de la possession, il ne s'agit pas davantage d'attribuer au dépositaire la propriété du dépôt : il s'agit uniquement de savoir si le dépôt doit durer toujours, si la responsabilité qu'il entraîne doit être illimitée, si les dangers ou les inconvénients qu'il peut entraîner doivent être supportés indéfiniment.

» Comme il est impossible de songer à créer, en dehors de quelques grandes villes, des dépôts spéciaux où les hôteliers se débarrasseraient des objets abandonnés ; comme ce droit même, s'il leur était reconnu (ce que semble proposer la commission de la Chambre), violerait également les principes qui régissent actuellement le dépôt nécessaire, il a semblé au Conseil d'État qu'il n'y avait aucune distinction à faire entre les deux cas et que la loi nouvelle devait les assimiler. Elle autorise donc la vente des objets donnés en gage ou abandonnés. »

Le projet gouvernemental renvoyé à la commission parlementaire revint sur le bureau de la Chambre des députés avec un rapport de M. Royer, le 12 novembre 1892. Il était fortement modifié, sinon dans le principe qui consistait toujours à autoriser la vente sur ordonnance du juge de paix et avec les formes sus-indiquées, mais dans les détails d'application. En effet, la commission de la Chambre avait trouvé la loi trop spéciale, quant aux personnes qui devaient en profiter et l'étendait aux ouvriers auxquels on avait confié des objets pour les travailler, réparer ou nettoyer, à tout dépôt nécessaire, aux restaurateurs, limonadiers, cabaretiers, voituriers et tenanciers d'établissements de bains, aux objets délaissés par un locataire disparu ou décédé sans que sa succession fut réclamée, enfin à tous les objets se trouvant fortuitement en la posession ou dans l'immeuble d'un tiers et qui ont été abandonnés. Pour eux, disait le rapporteur « les raisons de décider sont les mêmes que celles qu'invoquent les aubergistes pour être autorisés à débarrassser leurs immeubles des objets qui ont été délaissés » (1). Le projet de loi ainsi accru fut adopté sans discussion par la Chambres des le 25 janvier 1893.

Entre autres dispositions modificatives du projet gouvernemental, il fixait à un an le délai pendant lequel les aubergistes devaient garder les objets laissés chez eux avant de pouvoir en demander la vente, délai qui courait d'une déclaration de l'intéressé au commis-

(1) *Journal officiel.* Documents parlementaires, 1892.

sariat de police ou à la mairie. Il avait également déclaré qu'il était inutile de déroger aux attributions des officiers publics en matière de vente mobilière, le ministère des commissaires-priseurs n'étant pas plus couteux que celui des greffiers ou de l'huissier. Rejetant encore les dispositions de publicité prises par le Gouvernement dans le Code de procédure, il en avait proposé de plus simples qui sont restées dans la loi actuelle. « Il nous a paru plus conforme à la nature des choses, disait le rapporteur à cet égard, de laisser au juge de paix le soin de régler le mode de publicité d'après la nature et la valeur présumée des objets. Il pourra même décider dans les cas où cette valeur serait minime qu'il suffira d'une annonce à son de trompe. » Enfin le texte voté par la Chambre ajoutait à celui du Gouvernement une règle nouvelle : la prescription par cinq ans au profit du Trésor de la créance de consignation que pouvait avoir le voyageur contre la Caisse des Dépôts et Consignations, où avait été versée la somme reliquataire du produit de la vente, frais et créance du dépositaire payés. « Les ventes que la loi nouvelle autorise, dit le rapport, seront certainement nombreuses. Plus nombreux encore seront les comptes qu'il faudra ouvrir à chaque ayant droit, puisque le même procès-verbal de vente pourra comprendre des objets d'origine différente. La comptabilité publique pourrait s'en trouver singulièrement compliquée si les comptes devaient rester ouverts pendant trente années. » Nous aurons à apprécier plus loin cette conception.

Transmis au Sénat le 21 février 1893, ce projet fut l'objet d'un nouvel examen par la commission de cette assemblée. Celle-ci ramena à peu près la réforme à ses dispositions premières; elle rejeta, en effet, l'extension aux cas nouveaux admis par la Chambre, se refusant à y trouver une analogie avec celui de l'hôtelier et parce qu'au surplus ils étaient déjà réglés par des dispositions législatives spéciales (1). Elle réduisait à six mois le délai d'un an fixé par la Chambre, pendant lequel l'aubergiste devait conserver les objets, par analogie avec le délai qui existe dans nombre de cas d'objets abandonnés (2), en outre elle faisait partir ce délai du jour du départ du voyageur ; toujours par la même anologie, elle fixa à deux ans la prescription du reliquat déposé à la Caisse des Dépôts et Consignations. Le projet de la commission, adopté en première délibération par le Sénat le 20 février 1894, fit l'objet d'une seconde délibération dans la séance du 2 mars 1894 et adopté le 8 mars suivant.

Il fut transmis à la Chambre des députés le 28 avril 1894 et revint sur le bureau de cette assemblée avec un rapport de M. Pierre Laroze le 22 novembre 1894. La commission de la Chambre se rendit aux observations du Sénat en adoptant son projet sans modifications (3). L'assemblée elle-même accepta les idées de sa commission et le 2 mars 1896

(1) Rapport de M. Nioche, *Journ. offic.*, Doc. parl. 1893.

(2) Décrets d'août 1810 et avril 1881. — Ordonnance de 1830 et 1831 pour les voituriers, chemins de fer, commissaires de police et greffiers.

(3) Rapport Laroze, *Journ. offic.*, Doc. parl. 1894.

adopta sans discussion le projet tel qu'il avait été voté par le Sénat, après déclaration d'urgence.

La loi nouvelle était faite : elle fut promulguée et devint exécutoire le 31 mars 1896, par un décret paru au *Journal officiel* le 2 avril suivant.

Voici le texte de la loi du 31 mars 1896 :

« Article premier. — Les effets mobiliers apportés par le voyageur ayant logé chez un aubergiste, hôtelier ou logeur, ou par lui laissés en gage pour sûreté de sa dette, ou abandonnés au moment de son départ, peuvent être vendus dans les conditions et formes déterminées par les articles suivants.

» Art. 2. — Le dépositaire pourra présenter au juge de paix du canton où les effets ont été laissés en gage ou abandonnés une requête qui énoncera les faits, désignera les objets et leur valeur approximative.

» L'ordonnance du juge, mise au bas de la requête, fixera le jour, l'heure, le lieu de la vente, qui ne pourra être faite que six mois après le départ constaté du voyageur.

» Cette ordonnance fixera, en outre, la mise à prix des objets à vendre, commettra l'officier public qui devra y procéder et contiendra, s'il y a lieu, l'évaluation de la créance du requérant.

» L'officier public chargé de la vente fera ouvrir, en présence du dépositaire, les malles, paquets ou autres sous fermeture quelconque et dressera de son opération procès-verbal, qui sera communiqué au juge de paix.

» En cas d'extrême urgence, le juge pourra autoriser la vente avant l'expiration du délai de six mois et devra justifier, dans son ordonnance, des motifs de l'abréviation de ce délai.

» Art. 3. — La vente sera annoncée huit jours à l'avance par affiches apposées dans les lieux indiqués par le juge, qui pourra même autoriser la vente après une ou plusieurs annonces à son de trompe.

» La publicité donnée à la vente sera constatée par une mention insérée au procès-verbal de la vente.

» Art. 4. — L'officier public, commis par le juge, préviendra huit jours à l'avance, par lettre recommandée, le voyageur des lieu, jour et heure de la vente, dans le cas où son domicile sera connu.

» La vente aura lieu aux enchères et il y sera procédé tant en l'absence qu'en présence du déposant.

» Art. 5. — Le propriétaire pourra s'opposer à la vente par explcit signifié au dépositaire. Cette opposition emportera de plein droit citation à comparaître à la première audience utile du juge de paix qui a autorisé la vente, nonobstant toute indication d'une audience ultérieure. Le juge devra statuer dans le plus bref délai.

» Art. 6. — Sur le produit de la vente et après le prélèvement des frais, l'officier public payera la créance du dépositaire. Le surplus sera versé à la Caisse des Dépôts et Consignations, au nom du propriétaire, par l'officier public, qui ne dressera aucun procès-verbal du dépôt. Il en retirera récépissé ; ce récépissé lui vaudra décharge.

» Si le produit de la vente est insuffisant pour couvrir les frais, le surplus sera payé par le dépositaire, sauf recours contre le déposant.

» Le montant de la consignation en principal et intérêts sera acquis de plein droit au Trésor public, deux ans après le dépôt, s'il n'y a eu, dans l'intervalle, réclamation de la part du propriétaire, de ses représentants ou de ses créanciers.

» Art. 7. — Les articles 624 et 625 du Code de procédure civile sont applicables aux ventes prévues par la présente loi.

» Ces ventes seront faites conformément aux lois et règlements qui déterminent les attributions des officiers publics qui en seront chargés.

» Art. — Tous les actes, spécialement les exploits, ordonnances, jugements et procès-verbaux faits en exécution de la présente loi, sont dispensés du timbre et enregistrés gratis.

» Pour tenir lieu des droits de timbre et d'enregistrement, il sera perçu sur le procès-verbal de vente, lorsqu'il sera présenté à la formalité, sept pour cent du produit de la vente, sans addition de décimes. »

Il nous appartient maintenant d'en étudier les dispositions, surtout au point de vue de la réalisation du gage de l'aubergiste.

2° *Des cas visés par la loi nouvelle*

La loi du 31 mars 1896 a pour objet la vente, dans les conditions et formes déterminées par elle, des effets mobiliers apportés par le voyageur ayant logé chez un aubergiste, hôtelier ou logeur et par lui laissés en gage pour sûreté de sa dette, au abondonnés au moment de son départ.

Elle vise donc deux cas différents : 1° Celui de voyageur qui a laissé en gage des objets pour sûreté de ce qu'il peut devoir pour son séjour à l'aubergiste, hôtelier ou logeur chez lequel il est descendu ; 2° Celui où le voyageur a abandonné en quittant l'auberge des objets ; ce qui ne suppose plus une dette vis-à-vis de l'aubergiste, ni un gage quelconque nécessairement. Il peut cependant y avoir analogie entre les deux cas, lorsque cet abandon suppose un départ précipité sans payer, en laissant, faute de pouvoir les emporter, les objets qui constituent, en vertu de l'article 2102,5°, le gage tacite de l'hôtelier ou logeur.

Dans ces deux hypothèses, la loi autorise la vente des objets suivant des règles que nous allons voir. Mais il faut bien noter que cette autorisation et ces règles sont spéciales à ces deux cas et ne peuvent être étendues par analogie à des espèces du même genre ; cette interprétation s'impose, d'après l'historique même de la loi. Nous avons vu, en effet, que limitée spécialement aux cas actuels, à l'origine on avait voulu l'étendre par analogie, et que dans le cours de sa confection, il a été formellement décidé qu'elle devait au contraire être restreinte telle qu'elle est actuellement. La règle de l'interprétation stricte s'impose donc absolument ici.

Par suite les dispositions nouvelles ne s'appliqueront que si l'on a affaire d'abord à un voyageur proprement dit : nous savons déjà ce qu'il faut entendre par cette expression. En outre, il faut que le voyageur soit entré en relations avec un aubergiste, hôtelier ou

logeur ; il est également inutile de répéter ici la définition de l'aubergiste ou hôtelier ; la précaution, que
prend ici la loi d'indiquer sur le même rang le logeur,
confirme notre opinion, exprimée précédemment, que
le logeur doit être en toute hypothèse assimilé à
l'aubergiste.

Par surcroit, la règle nouvelle ne semble s'appliquer
qu'aux effets mobiliers laissés en gage pour sûreté de
sa dette par le voyageur ou abandonnés par lui. Faut-il,
à cet égard, donner au texte une interprétation rigoureuse ? Nous ne le croyons pas : si les travaux préparatoires ont montré qu'il était nécessaire de limiter la
disposition aux personnes visées, rien de pareil n'a été
imposé en ce qui touche les objets dont la vente peut
être autorisée. En conséquence, on pourra comprendre
dans les termes « effets mobiliers laissés en gage ou
abandonnés » tous objets apportés par les voyageurs à
l'hôtellerie. Non seulement le mot « effets mobiliers »
doit être pris ici au sens où l'entendent les
articles 1952 et suivants et 2102 du Code Civil, mais
encore on pourra presque toujours les considérer
comme laissés en gage ; car s'il n'y a pas remise
expresse en nantissement de ceux-ci, il y a toujours
nantissement tacite résultant du privilège de l'aubergiste ou logeur auquel sont dues des fournitures. S'il
n'est rien dû à ce dernier, les objets seront présumés
abandonnés. Il n'y aura exception et la vente ne sera
impossible que si le voyageur a déclaré expressément
au tenancier de l'établissement qu'il lui laissait les
effets en dépôt. Ce dépôt volontaire donne un tout autre

caractère aux objets et ne permet plus à l'aubergiste, tenu par sa déclaration de garde, de s'en débarrasser en les vendant.

3° *Règles de la loi nouvelle : innovations sur le droit commun.*

Voyons maintenant les dispositions légales prises en 1896 pour les cas sus-indiqués.

Le texte consacre une faculté pour les aubergistes, hôteliers ou logeurs de faire vendre les effets du voyageur. Elle reste donc à la libre disposition de l'aubergiste qui est libre soit de conserver indéfiniment les effets laissés en gage ou abandonnés, soit de poursuivre les formalités pour la vente. La loi ne crée sur ce point aucun droit nouveau : cette faculté appartenait déjà dans le droit antérieur à l'hôtelier dépositaire, agissant comme gagiste ou simple dépositaire forcé.

Mais les innovations de la loi de 1896 consistent dans les formalités nécessaires pour parvenir à la vente des effets du voyageur qui sont simplifiées et rendues moins onéreuses. Pour bien comprendre ce qu'il y a de nouveau, il est nécessaire d'exposer rapidement la situation de l'hôtelier qui voulait vendre les effets du voyageur avant 1896.

Lorsque l'aubergiste, créancier gagiste en vertu de l'article 2102,5°, voulait réaliser le gage, il était contraint de suivre la règle de l'article 2078, alinéa 1er, c'est à dire « à faire ordonner en justice que le gage sera vendu aux enchères ». Or, le gage était toujours tacite ; l'hôtelier n'avait pas de titre, son titre c'était la loi, mais aucune disposition du Code de procédure ne permettait de saisir et vendre en vertu de cette loi. Aussi, comme le faisait remarquer M. Hippolyte Duboys dans son rapport au conseil d'Etat, la demande toujours indéterminée devait être portée devant le tribunal civil pour obtenir un titre exécutoire permettant la saisie et la vente.

Cette procédure très onéreuse aboutissait presque toujours à un résultat négatif pour l'hôtelier. Les frais absorbaient généralement le produit de la vente quand ils ne le surpassaient pas, auquel cas l'hôtelier devait débourser l'excédent.

L'hôtelier peut solliciter l'attribution du gage ou sa vente, mais le juge a, sur ce point, un pouvoir d'appréciation discrétionnaire (1).

La situation était bien plus délicate pour les objets abandonnés.

En vertu de quel titre l'hôtelier les eût-il fait vendre ?

En effet les objets abandonnés appartiennent au domaine privé de l'État. (Article 539, C. C.)

De plus, aux termes des ordonnances du 23 mai 1830 et du 9 juin 1831, tous les objets abandonnés dans n'importe quel établissement public doivent être déposés au greffe, soit au commissariat de police et être vendus dans les six mois du dépôt. Leur produit est versé à la Caisse des Dépôts et Consignations. (Décret du 21 novembre 1855.)

---

(1) LAURENT. — T. XXVIII, p. 508. — AUBRY et RAU, T. IV, p. 712, note 7.

L'aubergiste, après s'être conformé aux exigences sus-énoncées, devait faire connaître sa créance en justice et faire valoir ses droits sur le produit de la vente des dits objets.

Ainsi en présence de cette situation beaucoup d'aubergistes et logeurs hésitaient-ils à agir. De là leur pétition en 1890.

L'innovation de 1896 a consisté à établir la procédure spéciale de réalisation et de vente des objets abandonnés.

Pour parvenir à la vente, il suffira à l'aubergiste, hôtelier ou logeur, de s'adresser par une requête au juge de paix de son canton, lequel rendra une ordonnance autorisant la vente. Plus n'est besoin de solliciter un titre exécutoire du Tribunal civil et d'employer ensuite les formalités de la saisie-exécution : une simple requête au juge de paix, c'est-à-dire à un magistrat devant lequel les parties peuvent se présenter elles-mêmes sans intermédiaire d'officier ministériel, ce qui diminue dans une mesure importante les frais de procédure. De plus, en vertu de l'article 8, ces actes sont exempts de timbre et enregistrés gratis.

Tel est le principe de l'innovation.

Il est bon, cependant, d'insister sur les détails pour donner une notion plus complète de la loi de 1896 : « La requête, dit l'article 2, énoncera les faits et les objets. » Cela n'est pas difficile ; mais l'aubergiste aura moins facilement les moyens de désigner la valeur approximative des objets : en effet, d'abord, il n'en sera pas toujours capable, il n'est pas commissaire-priseur de son métier. En outre, il lui est interdit de vérifier lui-même les objets enfermés sous une fermeture quelconque, puisque la loi, dans son article 2, charge expressément de ce soin l'officier public commis pour procéder à la vente ; comment évaluer des objets que l'on ne connait pas ? Il est évident qu'on ne saurait ici exiger une application du texte, à la lettre ; ce qu'il veut, c'est une désignation approximative des objets. Il suffira donc à l'aubergiste de mentionner sur sa requête le délaissement des malles ou paquets et de déclarer n'en pas connaître la valeur.

La vente est ordonnée par le juge de paix au bas de la requête de l'aubergiste. Cette ordonnance doit fixer le jour, le lieu de la vente, la mise à prix des objets à vendre, commettre l'officier public chargé de procéder à la vente, et, s'il y a lieu, évaluer la créance du requérant. Elle peut encore contenir une disposition facultative pour le juge : l'autorisation de vendre avant le délai de six mois, fixé par la loi, depuis le départ du voyageur, délai avant lequel, en principe, l'hôtelier ne peut présenter requête, sauf le cas d'extrême urgence. Nous reviendrons sur ce point. Il ne semble guère possible que cette ordonnance soit rendue d'une seule teneur, car comment le juge de paix peut-il y indiquer la mise à prix des objets à vendre, lorsqu'ils sont enfermés ? C'est à l'officier public commis pour la vente qu'incombe le soin de les découvrir et le juge de paix ne les connaitra que par le procès-verbal d'ouverture dressé par cet officier public; alors seulement il pourra compléter son ordonnance.

Quels sont les pouvoirs exacts du juge de paix en la matière ? Nous avons indiqué que dans le gage, le créancier gagiste peut se faire attribuer les objets ou les réaliser : à lui seul appartient l'option, ou de demander que le gage dont il est nanti lui demeurera en paiement jusqu'à due concurrence ou de demander que le gage soit vendu aux enchères (article 2078 du Code Civil). Le juge ne peut que lui adjuger sa demande ou l'en débouter. Il ne lui appartient pas d'ordonner ce qui lui parait le plus avantageux.

Le juge de paix saisi d'une requête à fin de vente constituant pour l'aubergiste un gage, peut-il attribuer ces objets au requérant au lieu d'ordonner la vente, si le requérant a sollicité cette mesure subsidiairement à l'autre ? Ce procédé présenterait certainement avantage dans certaines hypothèses, par exemple, si les effets dont il s'agit sont des valeurs mobilières ou des objets précieux facilement négociables et d'un rendement sûr. Il paraît toutefois impossible de l'employer. La loi ne prévoit que la vente et rien d'autre ; ce serait la faire sortir de son domaine arbitrairement que de lui donner un autre but.

Sera-t-il pour cela impossible à l'aubergiste, hôtelier ou logeur de se faire attribuer les effets laissés en gage ? Nullement ! La loi de 1896 n'a point abrogé l'article 2078, il subsiste dans la mesure où il est compatible avec ses dispositions. En conséquence l'aubergiste pourra s'il veut arriver au résultat indiqué, prendre la procédure de droit commun et s'adresser au tribunal civil. Quel va être le rôle de ce dernier ?

Pourra-t-il comme avant 1896, refuser l'attribution au créancier et ordonner la vente ? Nous ne le croyons pas, il ne pourra qu'accorder ou rejeter l'attribution au créancier. En ce qui touche la vente, la loi nouvelle a créé une compétence spéciale pour le juge de paix qui est incompatible avec les dispositions du droit commun et l'abroge sur ce point.

La requête et l'ordonnance à fin de vente ne sont possibles, nous l'avons dit, que six mois après le départ du voyageur. On sait en vertu de quelles analogies cette règle a été édictée. Il faut en conclure que si les actes en question étaient intervenus avant l'expiration du délai, ils seraient nuls, ainsi que toute la procédure subséquente. Le demandeur devra donc observer avec soin s'il se trouve dans les conditions de temps requises par la loi. Il y a néanmoins une exception à la règle du délai de six mois « en cas d'extrême urgence » ; le juge de paix peut alors, par disposition spéciale de son ordonnance, autoriser la vente. La question d'extrême urgence est laissée toute à l'appréciation du juge ; on peut cependant avec la commission du Sénat indiquer quelques exemples dont le juge poura s'inspirer. Ainsi il y aura urgence quand les objets seront de nature à se corrompre ou se détériorer, telles que des denrées ou objets de consommation ; de même s'ils obligent le dépositaire à un entretien, à une dépense, par exemple des chevaux ou du bétail.

Le lieu où la vente doit être opérée, est également laissé à l'appréciation du juge de paix : on se souvient que le premier projet de la Chambre obligeait à vendre dans l'endroit même où se trouvaient les objets. La disposition nouvelle est plus sage, car il peut y avoir intérêt et quelquefois nécessité de vendre les effets en un autre lieu. C'est le cas pour les valeurs mobilières laissées ou abandonnées, lorsqu'elle sont cotées à la Bourse ; car on ne peut les vendre que par agent de change.

Enfin, l'article 2 laisse encore au juge de paix le choix de l'officier public qu'il commettra pour effectuer la vente. Ce texte est inspiré de la même idée que la disposition précédente, il est bon que la vente produise le résultat le plus avantageux et il est certain que ce but sera plutôt atteint avec tel officier public qu'avec tel autre. Le Gouvernement, dans son premier projet, et d'ailleurs par une suite logique de la règle de la vente sur les lieux du dépôt, voulait que ce fut le greffier de la justice de paix ou l'huissier du canton qui fut commis : cependant la Chambre rejeta cette règle et laissa subsister le droit commun ; cette disposition fut observée dans tous les projets suivants et cadrait avec celle qui laissait le choix du lieu de la vente. Mais le droit commun laisse-t-il au juge de paix une liberté complète dans le choix qu'il doit faire ? Certainement non. En effet les textes relatifs à l'organisation et aux attributions des commissaires-priseurs ont donné à ceux-ci privilège exclusif pour les ventes publiques de meubles, dans les villes où ils exercent, pourvu que ce soit le chef-lieu d'arrondissement, ou le siège d'un tribunal de première instance, ou qu'elles aient au moins une population de cinq mille âmes (loi du

27 ventôse an II, article 1ᵉʳ. — Loi du 28 avril 1816, article 89 et ordonnance du 26 juin 1816). En tout autre cas, ils subissent la concurrence des notaires, greffiers ou huissiers. Le juge de paix sera donc obligé de respecter ce privilège des commissaires-priseurs et ne pourra commettre pour la vente, un notaire, greffier ou huissier que si l'on se trouve en dehors des cas où les commissaires-priseurs ont seuls le droit de procéder à la vente; mais s'il en est ainsi, son option s'exercera librement et il commettra tel officier public qui lui plaira. En outre, le droit exclusif de vente des commissaires-priseurs n'est pas le seul; nous avons déjà remarqué que les agents de change peuvent seuls faire la négociation des effets publics et autres susceptibles d'être cotés et d'en constater les cours; il faut en conclure que le juge de paix devra commettre un agent de change, si les effets se composent de titres et valeurs de Bourse. En résumé, le choix du juge de paix est libre en principe, mais il est limité, en vertu du droit commun, par le respect qu'il doit observer à l'égard des privilèges des agents de change et des commissaires-priseurs (1).

Il est à remarquer que la commission de l'officier public ne comporte pas seulement la charge de vendre aux enchères les objets laissés en gage ou abandonnés; elle comprend encore implicitement, à défaut d'indication formelle, la mission de procéder à l'ouverture des malles et paquets délaissés en présence du déposi-

---

(1) Voir note Cass. 10 Mai 1887. Pand. Fre. 1887.1.383. Il y a des décisions innombrables sur cette matière.

taire et d'en dresser un procès-verbal qui sera communiqué au juge de paix. On connait le but de cette disposition légale que nous avons relevée plus haut.

La vente ordonnée dans les formes et sous les conditions nouvelles que nous avons montrées, quand et comment y procéder? Tout d'abord elle ne pourra avoir lieu qu'au jour, heure et lieu fixés par le juge dans son ordonnance, mais encore elle doit être annoncée, 8 jours avant cette date, par affiches dans les lieux indiqués par le juge; cette publicité est constatée par une simple mention insérée au procès-verbal de vente. Ici encore le législateur de 1896, dans un but de diminution des frais autant que possible, a innové sur les règles de la vente judiciaire. En effet, à la place des nombreux placards de l'article 617 du Code de procédure, les affiches peuvent être réduites par le juge au strict nécessaire. Bien mieux, il a le droit de dispenser d'affiches et de borner la publicité à une ou plusieurs annonces à son de trompe (article 3).

Il ne suffit pas que la date de la vente fixée soit arrivée et la publicité effectuée selon les ordres du juge, pour que la vente puisse avoir lieu. Il était nécessaire de ne pas compromettre les droits du débiteur, c'est-à-dire du voyageur, et l'article 4 ordonne à l'officier public commis de le prévenir 8 jours à l'avance par lettre recommandée du jour, heure et lieu de la vente, si on connait son domicile. Cette formalité aura donc lieu en même temps que la publicité dans laquelle elle rentre en quelque sorte. Notons qu'elle n'est obligatoire que si le domicile du voyageur est connu;

l'officier public n'est point contraint de faire des recherches pour le connaître. Il lui suffira de voir à l'auberge ou chez le logeur le registre ; si la mention du domicile est trop vague ou inexistante, il sera dispensé de tout envoi.

L'accomplissement de cette formalité peut avoir un effet important sur la vente elle-même, car la loi, article 5, donne au propriétaire le droit de s'opposer à celle-ci par exploit au dépositaire. Cette opposition aura pour résultat d'arrêter la vente à laquelle on devra surseoir, jusqu'à ce qu'il soit statué sur l'opposition. Remarquons au surplus que cette opposition est ouverte au propriétaire des objets qu'il ait été averti ou non par lettre recommandée de l'officier public. Nous trouvons ici un nouvel élément qui peut avoir pour effet de ne pas permettre la vente à la date fixée par l'ordonnance. Le défaut de publicité, d'envoi de lettre recommandée, n'aurait pas *de plano* ce résultat ; l'opposition est au contraire une mise en demeure formelle de s'arrêter, à laquelle on doit obtempérer. Mais cet arrêt ne saurait être définitif. Il peut être bien fondé et alors la procédure commencée tombera ; il peut n'avoir aucun fondement et la vente aura lieu, lorsque cette absence de fondement aura été constatée. C'est la règle pour toutes espèces d'opposition : elle est restée vraie dans notre cas ; et il appartient au juge de trancher la question du bien ou mal fondé de l'opposition. Sur ce point la loi nouvelle, visant toujours à l'économie, a organisé une procédure rapide et peu coûteuse de l'instance sur opposition, innovant ici encore sur les lenteurs et les frais de la procédure ordinaire des ventes mobilières. Naturellement c'était au juge de paix ordonnateur de l'exécution à connaître des difficultés qu'elle pouvait soulever ; cette compétence du juge de paix, juridiction moins onéreuse était le premier pas dans la voie économique. On l'a complétée, en décidant que le juge devait statuer dans le plus bref délai.

Tels sont les motifs généraux de la loi sur ce point. Voyons en détail l'opposition et ses effets. L'opposition du propriétaire des objets à vendre a lieu sous forme d'un exploit adressé au réquérant la vente, à l'aubergiste ou logeur. La loi de 1896 n'indique ni la forme ni les délais de cet exploit. Il faut en conclure qu'il est soumis aux règles du droit commun à cet égard. Le texte parle du « propriétaire ». Que faut-il entendre par ces mots ?

Le législateur a évidemment entendu parler du voyageur qui le plus souvent sera le propriétaire de la chose. Il se peut cependant qu'il ne le soit point. Dans ce cas, selon nous, non seulement la voie de l'opposition sera ouverte au voyageur mais aussi au propriétaire. On s'imagine sans peine des hypothèses où tous deux peuvent avoir un intérêt à user du droit d'opposition, et on ne saurait prétendre que c'est donner au texte de la loi une interprétation trop large et injustifiée.

Le voyageur, le propriétaire peuvent donc faire opposition, eux et leurs ayants causes, bien entendu. Ainsi leurs héritiers et en outre leurs créanciers en vertu de l'article 1166 du Code Civil. Ces derniers n'auront guère d'ailleurs l'occasion d'user de leur droit : d'abord ils ignoreront le plus souvent la vente ; en outre ils ne se soucieront pas généralement de faire les frais d'opposition pour un résultat souvent modique.

L'opposition, signifiée à la requête du propriétaire, emporte de plein droit citation à la première audience utile du juge de paix qui a autorisé la vente. Cette disposition a pour objet de dispenser l'opposant d'un exploit d'ajournement au dépositaire devant le juge, mais au moins est-il nécessaire de saisir ce dernier, et une simple déclaration qu'on oppose à une vente n'est pas introductive d'instance. Aussi doit-on décider que l'exploit contiendra, outre la déclaration d'opposition, citation de l'hôtelier à la plus prochaine audience du juge de paix. C'est une mesure nécessaire et elle rentre dans l'esprit du législateur, sinon dans son texte ; car il dit que la citation sera de plein droit à la première audience utile, « nonobstant toute indication d'une audience ultérieure ». C'est donc que l'exploit contiendra l'indication d'une audience à laquelle devra comparaître le dépositaire ; ce qui suppose qu'il contient une citation en même temps que la déclaration d'opposition.

Que faut-il entendre par ces termes « la première audience utile ? » On serait tenté de croire que c'est l'audience la plus rapprochée du jour où sera signifiée l'opposition, pour qu'il en soit terminé au plus vite. Mais en général on donne à ces mots le sens d'audience où l'affaire peut être plaidée ; ici par conséquent et suivant la définition générale, l'opposition devra citer pour une audience où les parties pourront présenter leurs observations et où le juge pourra régler le différend. Nous ne saurions nier que l'expression est un peu élastique.

Quel va être le sort de l'opposition ? Trois cas peuvent se présenter : d'abord les deux parties se présentent devant le juge ; en second lieu l'une d'elles fait défaut ; en troisième lieu toutes deux font défaut. Si le propriétaire et le dépositaire se présentent, pas de difficulté. Ils font leurs observations et le juge tranche la question et ordonne ou la cessation de la procédure de vente ou sa continuation. Si le voyageur fait défaut, le juge le déboutera de son opposition qui sera présumée mal fondée, puisqu'il ne se présente pas pour la soutenir et ordonnera la continuation de la procédure. Si c'est au contraire le dépositaire qui est défaillant, le voyageur n'aura pas pour cela toujours gain de cause ; il est demandeur et doit prouver son droit, même si le défendeur n'est pas là pour le contester ; d'ordinaire cependant le juge lui adjugera ses conclusions, prononcera la cessation de la vente et ordonnera la restitution des objets du voyageur contre paiement par ce dernier des frais réclamés par l'aubergiste. Si personne ne comparait à l'audience fixée, cela suppose un abandon complet de l'opposition : elle devra être tenue pour non avenue et la vente pourra se poursuivre.

La décision du juge de paix sur opposition peut donner lieu bien entendu aux voies de recours ordinaires ouvertes contre les jugements : le défaillant pourra y faire opposition selon les règles de droit commun ; chaque partie, si la décision est contradictoire, pourra en faire appel si elle n'est pas en dernier ressort, toujours conformément au droit commun concernant les jugements des juges de paix.

On a remarqué que le texte ordonne au juge de statuer dans le plus bref délai : c'est encore une expression fort élastique et qui n'engage à rien ; la mesure, au fond, est très sage : on ne pouvait impartir au juge un temps limité pour décider, quoique la question soulevée par la vente des objets en question ne donnera jamais matière à de grosses difficultés, il peut y avoir une instruction de l'affaire plus ou moins longue qu'on ne pouvait fixer d'avance. La célérité de la solution dépendra tout autant des questions agitées que de la volonté du juge. Celui-ci devra seulement, étant donné l'ordre légal, éviter les discussions inutiles, les remises trop fréquentes, les mesures trop lentes.

Dans l'hypothèse où le voyageur aura gain de cause et où la vente sera arrêtée, tous les frais resteront à la charge de l'hôtelier qui l'a requise, nonobstant les dommages-intérêts à l'opposant pour le préjudice qu'a pu lui causer cette mise en œuvre de la procédure. Plaçons-nous maintenant dans l'espèce visée par la loi : rien ne s'oppose à la vente. Celle-ci aura lieu aux jour, lieu et heure fixés par l'ordonnance ou par le jugement qui aura statué sur l'opposition du voyageur à la vente. Celle-ci aura lieu dans les formes et suivant les règles des ventes publiques, c'est ce que décide l'article 7 de la loi ; il faudra notamment appliquer les articles 624 et 625 du Code de procédure qui déclarent que « l'adjudication sera faite au plus offrant en payant comptant : faute de paiement, l'effet sera revendu sur le champ, à la folle enchère de l'adjudicataire » ; que, d'autre part, « les commissaires-priseurs et huissiers seront personnellement responsables du prix des adjudications et feront mention, dans leurs procès-verbaux, des noms et domiciles des adjudicataires : ils ne pourront recevoir d'eux aucune somme au-dessus de l'enchère, à peine de concussion ». Nous n'avons pas à insister sur le deuxième alinéa de cet article 7 qui veut que la vente soit faite conformément aux lois et règlements, qui déterminent les attributions de l'officier public qui en sera chargé. En effet, nous avons déjà indiqué, à propos du choix de l'officier public, quelques-unes de ces lois et règlements. Au point de vue des formalités à observer durant la vente, l'article 625 du Code de procédure a été complété par les textes de 1816, et les obligations imposées aux commissaires-priseurs (articles 6 à 8 et 13 de l'ordonnance du 26 juin 1816) sont communes à tous les autres officiers publics désignés pour la vente. Signalons les règles particulières pour les agents de change, établies par un décret du 7 octobre 1890, articles 70 à 74, qu'il suffira de consulter pour les connaître : il est certain que ces dispositions « spéciales aux négociations judiciaires ou forcées », selon la rubrique de la section IV du décret, doivent être appliquées à notre matière.

La vente effectuée, le produit aura une destination différente suivant qu'on est dans l'un ou l'autre cas de la loi. Si cette vente a eu lieu à la requête de l'hôtelier en tant que gagiste, sa créance lui sera payée sur le montant de l'adjudication par l'officier public; c'est l'une des espèces visées (article 6). Si la vente a été demandée pour des objets abandonnés sans qu'il soit dû quelque chose au dépositaire, en tant que gagiste, le produit servira encore à payer au dépositaire les frais de conservation de la chose (magasinage, entretien, etc.). Notons au reste que ces frais là doivent être également soldés au gagiste dans la première espèce; sa créance comprendra et ce qui lui est dû en vertu de son privilège et ce qui lui est dû pour le dépôt depuis le départ du voyageur. C'est ainsi que nous semblent devoir être interprétés les termes généraux de la loi, « la créance du dépositaire ».

La créance de l'hôtelier sera toujours primée par les frais de justice. Sans doute avec le système économique de la loi, ils ne seront pas très élevés, mais ils sont sacrés et doivent être payés avant tout. Aussi, avions nous tort de dire que le montant de l'adjudication sera versé au dépositaire pour solder sa créance. Il sera d'abord retenu par les auxiliaires de la justice pour régler les frais de requête, ordonnance, droits de greffe, droits de vente de l'officier public commis, frais d'affichage, de publication etc., et s'il reste quelque chose, ce sera pour notre dépositaire. Trop heureux, s'il ne lui en coute rien, car l'article 6 a bien soin de mettre à sa charge les frais que le produit de la vente serait insuffisant à couvrir (deuxième alinéa), sauf son recours bien illusoire contre le voyageur.

Mettons-nous en présence d'un heureux aubergiste auquel le voyageur a laissé des objets de valeur. Non seulement les frais sont payés, l'aubergiste est payé mais il reste de l'argent. Qu'en faire ? Il appartient au propriétaire des objets vendus. Va-t-on le lui envoyer ? Le procédé serait possible si l'on connaissait le domicile du voyageur, mais, dans ce cas, il a reçu la lettre recommandée de l'officier chargé de procéder à la vente, c'est au moins ce que l'on peut supposer et aurait-il dû se présenter. S'il n'y est pas, nul n'est contraint d'être plus diligent que lui et l'officier public déposera purement et simplement à son nom à la Caisse des Dépôts et Consignations le surplus du produit de la vente et retirera un récépissé qui lui vaudra décharge (article 6, 1ᵉʳ alinéa). A partir de ce moment, la somme sera à la disposition du voyageur ou de ses représentants ou créanciers : ils n'auront qu'à s'adresser avec leurs titres à la Caisse des Dépôts pour la retirer, ce qui est assez aisé à dire, mais souvent très difficile à obtenir en pratique. Cependant la loi n'a pas cru devoir charger indéfiniment la Caisse de ce dépôt. On a craint le nombre des ventes et les complications dans la comptabilité publique qui peuvent en résulter ; et dans cet esprit, on a décidé que le voyageur ou ses ayant-cause seraient forclos au bout de deux ans écoulés, sans retrait de la consignation. Après ce délai, elle est acquise au Trésor public. On pourrait être tenté de se demander si cette disposition du troisième alinéa de l'article 6 n'a pas plutôt un intérêt fiscal que celui d'éviter les complications de la comptabilité publique.

La vente des objets laissés en gage ou abandonnés par le voyageur ne clôt pas la série des différends qui peuvent exister entre lui et son logeur, au sujet des effets apportés dans le logement. En effet, il se peut que le logeur ait fait procéder à la vente sans droit, alors qu'on ne lui devait rien et que les objets lui avaient été non pas abandonnés, mais laissés à titre de dépôt volontaire. Dans ce cas, le voyageur peut exercer une action en répétition contre l'aubergiste, soit pour le tout, soit pour partie. Le peut-il toujours et notamment s'il a fait opposition à la vente ? Il y a raison de douter, parce que dans son opposition, il a dû déduire les motifs qu'il invoque aujourd'hui et s'ils ont été rejetés, il y a chose jugée ; il ne peut s'en servir à nouveau ; l'aubergiste pourra lui opposer l'exception de chose jugée. Cela ne sera vrai qu'autant que le débiteur aura opposé devant le juge l'exception qu'il invoque aujourd'hui : ainsi s'il a déclaré qu'il ne devait rien, ou seulement que partie de ce que réclame l'aubergiste, dans l'instance sur opposition, et qu'il a été renvoyé de sa demande, il y a chose jugée et l'action en répétition n'est pas possible. Si au contraire, ayant motivé son opposition d'une façon vague, il a fait défaut, on ne peut le considérer comme ayant usé du moyen qu'il emploie et l'action en répétition sera ouverte. On peut déduire cette distinction de la théorie générale jurisprudentielle et doctrinale sur la chose jugée : on décide en effet qu'elle sera ou non opposable suivant que le débiteur aura ou n'aura pas, lors du jugement de condamnation invoqué contre lui, proposé l'exception de libération qu'il invoque aujourd'hui. (1

Il nous reste, pour en terminer avec la loi de 1896, à signaler la disposition de son article 8 qui dispense de timbre et d'enregistrement tous les actes faits en exécution de cette loi : ces droits sont remplacés par un droit de 7 0/0 sur le produit de la vente. C'est l'achèvement économique de l'édifice élevé par la législature : de la sorte, la procédure rendue plus simple et plus expéditive sera notablement moins onéreuse. Il est bon toutefois à cet égard de faire des réserves. Sans doute il y a un progrès énorme dans la diminution des formalités et des frais, lorsqu'on compare la vente mobilière de 1896 à celle du Code de Procédure. Il reste néanmoins un certain nombre de frais de greffe et de vente, qu'une tarification légitime serait susceptible de réduire encore.

(1) LABORI et SCHAFFHAUSER, *Répertoire encyclopédique de Dr. fr.* V° Chose jugée, n° 125.

CHAPITRE VI

EXTINCTION DU CONTRAT D'AUBERGE

Après avoir vu comment se forme et s'exécute le contrat d'auberge, il nous reste à examiner comment il s'éteint. Notre examen ne saurait nous entraîner dans un exposé bien long ni bien complexe. Le contrat d'auberge est soumis aux mêmes modes d'extinction que les contrats en général et nous n'aurons qu'à indiquer rapidement les règles sur ce point.

Remarquons qu'ici, comme dans toute notre étude du contrat d'auberge, il nous faudra appliquer généralement les règles du bail à loyer, élément essentiel de la convention d'hôtellerie.

Le premier et principal mode d'extinction du contrat d'auberge, c'est son exécution par les deux parties, aubergiste et voyageur, jusqu'au moment convenu entre elles. En effet, le contrat d'auberge est essentiellement temporaire et prend fin par suite à l'expiration du temps pour lequel il a été passé. Le bail en général expire par l'arrivée du terme. Mais, il peut avoir été fait sans condition de durée, ce qui arrivera le plus souvent dans les locations verbales. Comment alors le contrat prendra-t-il fin ? Par un congé de l'une ou de l'autre partie ; en observant les délais fixés par l'usage des lieux (article 1736). Faudra-t-il appliquer cette règle lorsque le contrat d'auberge n'aura pas limité la durée du séjour du voyageur ? Pourquoi ne pas l'appliquer ?

On ne saurait objecter l'intérêt du voyageur, cela ne peut lui nuire, car il est censé louer à la journée et pourra donner congé en prévenant vingt-quatre heures à l'avance. Qu'arrivera-t-il maintenant, si un terme ayant été fixé, le voyageur reste à l'hôtel sans observation du tenancier ? Y aura-t-il renouvellement du bail aux conditions précédentes, c'est-à-dire tacite reconduction. La tacite reconduction, selon la loi (article 1738), ne s'applique en principe qu'aux baux par écrit. Si nous supposons le contrat d'hôtel verbal, comme presque toujours, elle ne peut s'y appliquer. Le question peut faire doute à cause du motif légal de l'article 1738. Si la tacite reconduction n'a lieu que pour les baux écrits, c'est parce que les baux sans écrit sont dans l'esprit du législateur sans durée fixe. Cela n'est pas toujours exact. Toutefois il serait peut être arbitraire d'étendre ici la tacite reconduction. Le voyageur a pu fixer une limite de séjour que les circonstances le contraignent de dépasser, sans vouloir cependant renouveler le séjour précédent entièrement. La tacite reconduction est basée sur une volonté tacite des parties qui n'existe plus ici.

Le contrat d'auberge peut prendre fin par le mutuel dissentiment, c'est-à-dire par l'accord des parties pour rompre leur premier engagement. Ce mode n'entraîne aucune observation; ce qu'a fait la volonté, celle-ci peut le défaire.

L'inexécution pa. l'une des parties de ses obligations entraînera le plus souvent la résolution du contrat d'auberge. Nous aurions à insister sur cette idée qui n'est que l'application du principe général de l'article 1184, Code Civil, si nous ne l'avions déjà examinée çà et là dans ses détails au sujet des obligations des parties. Nous ne reviendrons donc pas sur elle inutilement.

Comme les conventions en général, celle d'auberge prendra fin par la perte de la chose due (Article 1302), ainsi si les lieux loués viennent à être détruits, ou cessent d'être à la disposition du bailleur, ce qui serait le cas d'une expropriation, pour cause d'utilité publique, de l'annulation, rescision ou résolution du titre de propriété du bailleur ou de son éviction, (article 1741 Code Civil). Cela tient à ce que l'obligation de l'hôtelier dans le bail est une obligation de livrer.

La mort de l'aubergiste ou du voyageur entraînera-t-elle l'extinction du contrat d'auberge? Nous savons qu'exceptionnellement certains contrats prennent fin par la mort de l'une des parties; ce sont ceux qui sont formés *intuitu personæ*. Sommes nous dans un de ces cas ? Évidemment non ! Ce ne sont pas leurs qualités réciproques qui ont déterminé l'aubergiste et le voyageur à traiter ensemble.

Appliquant au contract d'auberge les règles générales du bail à loyer, nous dirons que conformément à l'article 1742 Code Civil, il ne sera pas résolu par la mort de l'un des partis.

Si donc un voyageur décédait avant l'expiration du terme fixé pour la cessation de la convention d'hôtellerie, ses héritiers seraient tenus d'en acquitter le prix total.

Il nous reste à indiquer comme mode d'extinction la nullité ou rescision du contrat d'auberge. Cette indication suffit puisque nous avons examiné autre part les différents cas de nullité ou de rescision.

CHAPITRE VII

COMPÉTENCE, PREUVE, PRESCRIPTION DANS LE CONTRAT D'HOTELLERIE

Il ne suffit pas de connaître le contrat d'auberge, ses effets et ses modes d'extinction ; il résulte de ce contrat des actions au profit de l'une ou de l'autre des parties, la solution des litiges qui naissent ainsi exige un juge ; il faudra pour éclairer ce dernier qu'on établisse devant lui l'existence du contrat ou des faits générateurs du litige, il se pourra quelquefois que cette action ne soit plus possible parce qu'il y aura des fins de non-recevoir à son exercice, parmi lesquelles la prescription doit être considérée comme l'une des plus importantes.

Section I

COMPÉTENCE : DISTINCTIONS

Quel est d'abord le tribunal compétent pour trancher les divers litiges qui se présentent entre les aubergistes et voyageurs ?

En matière de compétence, il faut distinguer d'abord la compétence *ratione materiæ* et la compétence *ratione personæ*. La première est celle qui donne à un tribunal le droit de juger, parce qu'il s'agit d'une matière qu'il a qualité pour connaître en dehors des autres ordres de juridiction qui existent dans le pays. La seconde est celle qui donne à un tribunal le droit de trancher le différend, parce qu'il est le juge naturel de la personne en cause, notamment par suite de son établissement à un domicile déterminé.

Nous étudierons donc au point de vue de la compétence en notre matière.

1° La compétence *ratione materiæ* des juges de paix ;

2° La compétence *ratione materiæ* des tribunaux de commerce ;

3° La compétence *ratione materiæ* des tribunaux civils ;

4° La compétence *ratione personæ*.

§ 1. — COMPÉTENCE « RATIONE MATERIÆ » DES JUGES DE PAIX

Aux termes de l'article 2 de la loi de 1838 sur les juges de paix : « Les juges de paix prononcent sans appel jusqu'à la valeur de cent francs et à charge d'appel jusqu'au taux de la compétence en dernier ressort des tribunaux de première instance, sur les contestations entre hôteliers, aubergistes ou logeurs et les voyageurs ou locataires en garni, pour dépenses d'hôtellerie et perte ou avaries d'effets déposés dans l'auberge ou dans l'hôtel ».

Ce texte apporte en notre matière une modification sérieuse aux principes généraux de la compétence des juges de paix. En effet, ceux-ci, d'après la loi de 1838, ne sont en général compétents en matière personnelle et mobilière que jusqu'à la valeur de cent francs sans appel et jusqu'à celle de deux cents francs à charge d'appel.

Au contraire pour les dépenses d'hôtellerie et pertes ou avaries d'effets déposés dans l'auberge, matière évidemment mobilière et personnelle, puisqu'il s'agit d'une réclamation d'un droit de créance ayant pour objet des meubles (argent ou objet corporel), le juge de paix, qui reste compétent jusqu'à cent francs sans appel, le devient à charge d'appel jusqu'à quinze cents francs au lieu de deux cents.

Quel est le résultat de cette décision de la loi de 1838? Pour l'établir, un court aperçu des règles générales de procédure sur la compétence *ratione materiæ* est nécessaire. En matière personnelle et mobilière, le juge de paix est en principe compétent sans appel jusqu'à la valeur de cent francs, à charge d'appel jusqu'à celle de deux cents francs. Au-dessous de ce dernier chiffre, le tribunal civil est compétent en dernier ressort jusqu'à quinze cents francs et à charge d'appel sans limites. Cette compétence des juges de paix et tribunaux civils peut être écartée par celle des tribunaux de commerce, si l'objet du litige est un acte de commerce ; car il est de règle que les juges civils sont incompétents pour juger des contestations dont la connaissance est attribuée aux tribunaux de commerce. Toutefois cette compétence *ratione materiæ* des tribunaux consulaires, à raison du caractère commercial de l'acte litigieux, peut être modifiée elle-même, si cet acte n'est commercial que pour une des parties : celle pour laquelle il ne l'est pas a le choix d'agir devant la juridiction civile ou devant la juridiction commerciale, si elle est demanderesse ; elle ne peut être actionnée si elle est défenderesse que devant le juge civil.

Il est certain que les actes dérivant du contrat d'auberge sont des actes de commerce pour l'hôtelier ; pour lui donc les dépenses d'hôtellerie ont un caractère commercial, de même que les pertes et avaries des effets déposés ; car les droits de l'aubergiste à la rémunération des dépenses, ceux du voyageur à la réparation des pertes ou avaries dérivent du contrat passé entre les parties, contrat dont la passation constitue précisément pour l'hôtelier une des façons d'exercer son commerce. Mais ces actes n'ont généralement aucun caractère commercial pour le voyageur. Dans ce cas et jusqu'à quinze cents francs, l'hôtelier ne saurait poursuivre le voyageur que devant le juge de paix à l'exclusion du tribunal de commerce.

Que décider, au contraire, si le passager est un commerçant voyageant pour son commerce ? Ne pourrait-on soutenir qu'il passe le contrat d'auberge accessoirement à son entreprise commerciale et en conclure qu'il s'oblige commercialement en vertu du principe de l'accessoire ? Le contrat serait alors commercial des deux parts et chacune des parties n'aurait-elle pas le droit d'actionner l'autre devant la juridiction commerciale ?

La même question se pose si le voyageur veut poursuivre l'hôtelier. A-t-il le choix entre le juge de paix et le Tribunal de commerce ?

Aux termes de l'article 2 de la loi de 1838, la connaissance de ces affaires appartient, jusqu'à la somme de quinze cents francs inclusivement, au juge de paix seul. Le texte de la loi est général et ne réserve pas l'option du voyageur (1).

Cette opinion a été très discutée. Se basant sur le principe posé en jurisprudence de l'option du demandeur, pour lequel l'acte litigieux n'a pas caractère commercial, on soutient que ce principe n'a pu être entamé par la loi de 1838 ; celle-ci est insuffisante pour y déroger ; son article ne signifie pas que la juridiction commerciale est interdite au voyageur, mais que, s'il est défendeur ou s'il opte pour la voie civile, l'action doit être portée jusqu'à quinze cents francs devant le juge de paix et au-dessus devant le Tribunal civil ; cette décision est inspirée par une idée d'économie et de célérité. On ne pourrait, en effet, par ce fait que l'acte était commercial pour l'une des parties, déroger aux règles générales de l'option ou de la nécessité

(1) GLASSON. *Revue critique de jurisprudence*, année 1881, p. 246. — Limoges, 2 mai 1862. DALLOZ, 62.2.137. — Paris, 20 juin 1863. DALLOZ, 63.2.177.

d'emploi de la voie civile ; mais, étant donné le caractère des procès en question, toujours urgents et souvent peu importants, on a voulu leur assurer les avantages que leur donnerait la procédure commerciale, être rapides et peu dispendieux. C'est ce qui a fait décider l'extension de la compétence des juges de paix, devant lesquels la procédure est prompte et peu onéreuse (1).

Cette opinion consacrée par la Cour de cassation est contraire au texte général de la loi de 1838 qui pose nettement la compétence des juges de paix jusqu'à quinze cents francs sans distinguer suivant que ce sera l'hôtelier ou le voyageur qui exercera l'action ou y défendra. Selon nous, la compétence du juge de paix est exclusive de toute autre jusqu'à quinze cents francs, quelque soit le rôle des parties ; ce aussi bien lorsque c'est le voyageur qui poursuit l'hôtelier et qui pourrait, en règle générale, agir devant les juges consulaires, ce qui lui est interdit ici, que si c'est l'hôtelier qui poursuit le voyageur.

Mais si la compétence du juge de paix est exclusive jusqu'à quinze cents francs, elle est écartée dès que ce chiffre est dépassé. Les demandes dont le chiffre est indéterminé sont assimilées à celles dont le chiffre est supérieur à quinze cents francs, par analogie de ce qui se passe dans la distinction entre les affaires sommaires et ordinaires.

Examinons les différents cas d'application de compétence spéciale du juge de paix. Il faut d'abord qu'il

(1) Lyon-Caen, *Traité de Droit Commercial*, n° 372. — Cass., novembre 1863. SIREY. 1864. 1. 132.

s'agisse de contestations entre aubergistes, hôteliers ou logeurs et voyageurs ou locataires en garni. Point n'est besoin d'insister sur la signification de ces termes : nos définitions doivent servir ici comme elles l'ont déjà fait dans d'autres parties. Notons seulement la difficulté soulevée à propos des logeurs en garni : on a soutenu que la loi ne s'appliquait pas à ceux qui dans certaines villes louent au mois ou à l'année des chambres meublées à des officiers en garnison, étudiants, employés, quoique logeurs de profession. La loi n'a eu en vue que des relations passagères qui ont par suite besoin d'une solution rapide, et non les autres (1). Nous ne croyons pas que la durée du séjour doive avoir une influence sur le caractère de la profession, le logeur est celui qui professionnellement abrite ceux qui viennent chez lui pour un temps indéterminé ; on ne devra écarter du domaine légal que la location en garni faite par le propriétaire des appartements de son immeuble. Mais celui qui fait le métier de loger, qui tient comme le dit un arrêt, maison publique et ouverte à tout venant, aura pour juge le tribunal cantonal, q'il loue à la journée, à la semaine, au mois ou à l'année. (2)

En second lieu, le litige doit porter soit sur la dépense d'hôtellerie, soit sur les pertes ou avaries survenues aux effets déposés par le voyageur. Par dépense d'hôtellerie, il faut entendre le prix de tout ce qui a été la conséquence naturelle du séjour :

(1) CARRÉ, *Op. cit.*, n° 179.
(2) CURASSON. *Op. cit.*, n° 208, p. 325.

nourriture, chambre, éclairage, entretien, fournitures accessoires, etc., en tout le prix du contrat d'auberge. Mais il a été décidé, et avec raison, qu'elle ne comprenait pas les sommes avancées à titre de prêt par l'aubergiste au voyageur (1).

Le juge de paix n'est-il compétent dans l'étendue de l'article 2, que si l'action est intentée par l'hôtelier contre le voyageur lui-même qui a fait les dépenses ? On soutient par exemple que l'article 2 n'est pas applicable au cas où, s'agissant de dépenses faites par des ouvriers employés par un entrepreneur, l'action est dirigée non pas contre les ouvriers, mais contre l'entrepreneur seul, à raison d'un engagement qu'il a pris personnellement de payer les dépenses de ses ouvriers (2). La solution est discutable. On peut à juste titre considérer l'entrepreneur au moins comme caution de ses ouvriers et le juge de paix, compétent pour le débiteur principal, l'est aussi pour la caution (3).

Le juge de paix compétent pour les dépenses d'hôtellerie l'est également pour les difficultés qui en dérivent, aussi sur l'action en restitution d'effets retenus par l'hôtelier à défaut de paiement (4).

La compétence de l'article 2 de la loi de 1838 s'étend en outre aux pertes ou avaries survenues aux effets déposés par le voyageur dans l'hôtel. Les termes généraux de la loi permettent de croire qu'il s'agit ici des

(1) Curasson. *Op. cit.*, n° 213, note 4.

(2) Carré. — *Op. cit.*, I. 182.

(3) Toulouse, 4 novembre 1885. Rousseau et Laisney, Dict. procéd. VII, al. 116.

(4) Carré. — *Op. cit.*, 186.

actions en responsabilité qui pèsent sur l'aubergiste à raison du dépôt d'hôtellerie.

La généralité du texte ne permettrait-elle pas d'appliquer la compétence aussi bien au dépôt volontaire qu'au dépôt nécessaire. La question ne laisse pas d'être discutable. Tous les auteurs qui ont commenté l'article 2 de la loi de 1838 semblent en effet s'attacher uniquement dans l'interprétation au dépôt d'auberge et à la responsabilité qui en résulte ; aucun ne paraît y comprendre le dépôt volontaire. Le plus rationel est d'écarter celui-ci du domaine de l'article 2 ; en effet, du moment qu'il s'agit d'effets apportés par le voyageur, que celui-ci en ait fait le dépôt réel ou non, on est toujours en présence d'un dépôt nécessaire ; on l'a vu plus haut avec le commentaire de la loi de 1889. La compétence sera donc toujours la même puisqu'elle est édictée pour le dépôt nécessaire d'hôtellerie. D'autre part, il est généralement admis que, si les effets du voyageur restent déposés dans l'hôtel sans autre rapport juridique entre les parties, au départ du voyageur par exemple, on rentre dans le droit commun ; il y a dépôt volontaire soumis aux règles ordinaires. Pourquoi y aurait-il ici une règle spéciale de compétence ? La nécessité d'une procédure aussi rapide et économique que celle de la loi de 1838, n'apparaît pas ici, comme en matière de contrat d'auberge.

C'est à raison de cette théorie qu'on a décidé que le juge de paix ne sera compétent, aux termes de l'article 2, que si la perte ou l'avarie a eu lieu durant le dépôt à l'auberge et non, par exemple, durant le trajet de l'hôtel à la gare ou de la gare à l'hôtel (1). La solution a été cependant contestée et on a soutenu que le transport des effets à l'auberge par l'hôtelier ou ses domestiques est un fait accessoire au contrat passager qui se forme entre le voyageur et l'hôtelier, rentrant par suite sous l'article 2. C'est jouer sur les mots que de dire qu'il n'y a pas de dépôt tant que les effets ne sont pas entrés dans l'hôtel et qu'il n'y en a plus dès qu'ils sont sortis. Cela n'est vrai que du transport fait par le voyageur, mais s'il est fait par l'hôtelier, en prenant ainsi les effets sous sa garde, ils sont censés apportés et déposés chez lui au moment même que le porteur s'en charge, autant qu'ils sont sous sa conduite ; vouloir distinguer, pour la compétence, la perte durant le trajet et celle pendant le séjour, alors que la responsabilité est la même dans les deux cas, c'est une subtilité contraire à l'esprit de la loi (2).

Cette théorie a été rejetée en jurisprudence (3). Il faut d'ailleurs observer qu'elle appuie toute son argumentation sur une question elle-même discutée. La responsabilité est-elle la même pour la perte durant le transport ou pendant le séjour ?

Relevons encore la controverse analogue sur la compétence du juge de paix au sujet des effets déposés dans une voiture devant l'auberge par un voyageur : la solution dépend ici de celle que l'on donne à l'égard de la responsabilité.

(1) CARRÉ, *op. cit.*, n° 189.

(2) DALLOZ. *Répertoire*, V° *Compétence civile des juges de paix*, n° 288. — CURASSON, *op. cit.*, I, n° 222.

(3) Cour de Paris, 30 janvier 1874 ; *Le Droit*, 2 juin 1874.

Enfin, avant la loi de 1889, on sait qu'il y avait controverse au sujet de la responsabilité relative aux objets précieux et valeurs. Elle pouvait avoir une répercussion sur la théorie de la compétence, en ce sens que presque toujours à cet égard on devait considérer la demande comme indéter.ninée, puisque la valeur dont l'hôtelier pouvait être responsable était une question de situation sociale, d'usage, de circonstances dans l'opinion dominante. Il en résultait qu'ainsi la compétence du juge de paix devait être écartée. La difficulté disparaît avec la loi de 1889. Pour les objets précieux autres que les espèces monnayées et les valeurs au porteur, la responsabilité est intégrale : la compétence du juge de paix s'applique jusqu'à quinze cents francs pour les espèces et valeurs, on connait la distinction faite par la loi nouvelle. Elle est cependant sans influence sur la compétence, si le voyageur n'a pas effectué un dépôt réel aux mains de l'hôtelier : celui-ci n'est tenu que jusqu'à mille francs ; or, le juge de paix est compétent jusqu'à quinze cents francs et la loi n'a pas dérogé à celle de 1838. Il en résulte que dans cette hypothèse, ce sera toujours le juge de paix seul qui sera compétent, puisque la demande est nécessairement inférieure à quinze cents francs. Si le voyageur a fait dépôt réel de ses espèces et valeurs, la responsabilité étant intégrale la compétence du juge de paix existera corrélativement jusqu'à la limite de l'article 2 de la loi de 1838.

Tels sont les cas de compétence spéciale et plus étendue du juge de paix dans les constatations entre aubergistes et voyageurs. Ce sont les seuls auxquels il faut l'appliquer.

En dehors des hypothèques de la loi de 1838, on retombe dans la règle de la compétence ordinaire et la juridiction cantonale ne sera susceptible d'être saisie que jusqu'à deux cents francs.

§ 2. — Compétence « ratione materiæ » des Tribunaux de commerce.

L'exposé qui vient d'être fait des cas où la juridiction cantonale devra être saisie nous facilitera celui de la compétence des juges consulaires.

D'abord, en règle générale, les tribunaux de commerce sont juges des litiges entre commerçants et relatifs à des actes de commerce. Leur compétence est exclusive quand le litige porte sur un acte commercial pour les deux parties.

D'autre part il est de règle établie d'une façon incontestée, quoique non écrite dans la loi, que les tribunaux consulaires peuvent être saisis valablement d'une action contre un commerçant intentée par un non-commerçant relativement à un acte qui n'est commercial que pour le défendeur.

A l'aide de ces deux idées, on devait décider en raison de ce que l'aubergiste est sûrement un commerçant, que si le voyageur est lui-même un commerçant voyageant pour son commerce, le tribunal consulaire devra statuer sur les litiges qui surgiront entre eux.

En second lieu, que si le voyageur n'est pas un commerçant, les juges commerciaux pourront être saisis par lui d'une contestation avec l'aubergiste, pour lequel les actes dérivant du contrat d'auberge constituent sûrement des actes de commerce.

Mais on sait déjà, malgré la controverse, qu'il faut restreindre cette théorie en ce qui touche les dépenses d'hôtellerie et les pertes ou avaries des effets du voyageur. En ce cas il y a selon nous compétence exclusive du juge de paix jusqu'à quinze cents francs.

Hors ces cas toutefois, on rentre dans la règle générale qui vient d'être indiquée. Il en résulte notamment que pour les diverses espèces signalées plus haut dans les controverses sur la compétence des juges de paix, il faut attribuer juridiction aux tribunaux de commerce, en premier ressort jusqu'à quinze cents francs et indéfiniment à charge d'appel ; ce serait notamment ce qui se passerait si le voyageur actionnait l'aubergiste à raison du dépôt volontaire fait chez lui.

Reconnaissons toutefois que les cas de compétence générale des tribunaux consulaires au-dessous de quinze cents francs seront peu fréquents ; la loi de 1838 a visé, en effet, les hypothèses qui se rencontrent le plus souvent et les litiges entre aubergistes et voyageurs n'auront guère d'autre source que le prix de l'hôtel ou la perte ou avarie des effets du voyageur ; cela d'autant plus qu'il semble admis, que la compétence du juge de paix comprend non seulement la question proprement dite de la dépense d'hôtellerie ou des pertes et avaries, mais celles qui y sont connexes comme les discussions au sujet de l'exécution du bail, (délivrance, entretien, services, dépôt), car très souvent elles interviendront à propos de discussion sur le prix de l'auberge et en tout cas elles auront sur lui une répercussion.

Parmi les matières les plus intéressantes qui peuvent être soumises à la juridiction commerciale au-dessous de quinze cents francs, indiquons les actions en responsabilité pour délit ou quasi-délit de l'hôtelier vis-à-vis du voyageur. En effet, en vertu de la théorie de l'accessoire, on reconnaît à ces obligations un caractère commercial si elles naissent à l'occasion de l'exercice du commerce.

La compétence des juges consulaires pour les délits ou quasi-délits d'un commerçant, est aujourd'hui admis par la jurisprudence (1) et ne présente plus que des difficultés d'application d'ailleurs nombreuses (2).

Au cas où l'obligation délictuelle ou quasi-délictuelle aura un caractère commercial, le juge consulaire pourra être saisi spécialement par le demandeur non commerçant, victime du délit ou quasi-délit.

Telles sont les principes de compétence des tribunaux de commerce sur les contestations entre hôteliers et voyageurs. Nous ne pouvons faire autre chose que de les indiquer. La connaissance des règles directrices est suffisante pour permettre de trancher les difficultés qui peuvent se présenter.

(1) Paris, 31 mars 1882, Sirey, 1882.2.139 ; Dalloz, 1883.2.63.
(2) Lyon-Caen, *Traité de droit commercial*, édition de 1889, T. Ier, p. 159, note 3.

§ 3. — Compétence « ratione materiæ »
des tribunaux civils

La compétence des tribunaux civils en notre matière ne saurait vous arrêter longtemps après ce qui vient d'être dit et des juges de paix et des juges consulaires.

D'abord, en cas de contestation sur les dépenses d'hôtellerie ou sur les pertes ou avaries des effets, le tribunal de première instance ne sera compétent en premier ressort que jusqu'au dessus de quinze cents francs et indéfiniment.

Hors les cas prévus par l'article 2 de la loi de 1896, le tribunal civil sera compétent de deux cents à quinze cents francs en dernier ressort et indéfiniment à charge d'appel.

Remarquons qu'il est aussi juge d'appel des contestations portées devant le juge de paix (article 2, loi de 1838.)

Ce sera donc lui qui tranchera en dernière analyse une grande partie des difficultés qui surgiront dans les rapports entre hôteliers et voyageurs.

§ IV. — De la compétence « ratione personæ »

La compétence *ratione personæ* est relative à la question de savoir lequel des tribunaux de l'ordre juridictionnel compétent à raison de la matière devra être saisi par le demandeur.

Un principe domine cette question depuis le droit romain, à savoir que le demandeur est tenu d'aller attaquer le défendeur là où il se trouve, sans pouvoir le contraindre à des déplacements onéreux et gênants. C'est ce qu'on exprime par l'axiome « Actor sequitur forum rei » ce qui a été traduit par l'article 59 du Code de Procédure Civile, en ces termes : « En matière personnelle le défendeur sera assigné devant le tribunal de son domicile. S'il n'a pas de domicile devant le tribunal de sa résidence. » Nous avons montré que les contestations qui nous occupent seront toujours de matière personnelle. On devra donc suivre la régle de l'article 59.

La conséquence de cette théorie, c'est que si le défendeur est l'aubergiste, il devra être assigné à son domicile qui sera nécessairement le lieu ou il exerce sa profession, car l'auberge sera le lieu de son principal établissement (article 102 Code Civil). Si c'est au contraire le voyageur qui est poursuivi, on devra l'assigner devant le juge de son domicile qui pourra souvent être fort éloigné du lieu de l'auberge. Ne pourra-t-on soutenir que le voyageur a sa résidence à l'hôtel et qu'il est loisible de l'assigner devant le juge du lieu de l'hôtel. Cette solution serait tout autre, par ce qu'elle semblerait devoir faire connaître de l'affaire à des magistrats plus au courant des usages et des mœurs de la localité, usages dont on aura assez souvent à faire application. Cette solution est impossible en présence du texte formel de la loi et ajoutons le, des travaux préparatoires de la loi de 1838 (1), le défendeur ne peut être cité devant le juge de sa résidence que s'il n'a pas de domicile connu. Néanmoins, il nous semble que l'on se trouvera dans le cas de l'article 59 du Code de procédure, lorsque le voyageur n'aura pas fait connaître son domicile et sera parti sans laisser d'adresse. L'aubergiste ne peut être tenu de faire des recherches sur ce point, et ignorant le domicile, il peut assigner à la dernière résidence connue de lui, c'est-à-dire au lieu de l'auberge.

Nous avons envisagé jusqu'ici l'hypothèse d'un différend entre l'aubergiste et un voyageur non commerçant. Voyons maintenant celle d'une contestation entre l'aubergiste et un commerçant voyageant pour ses affaires. Acte de commerce pour l'hôtelier, le contrat d'auberge ne l'est pas moins pour le commerçant en l'espèce ; il est donc de la compétence des tribunaux de commerce. L'aubergiste aura donc, selon nous, le choix d'assigner le voyageur devant le tribunal de son domicile, ou de le citer aux termes de l'article 420 du Code de procédure civile, dernier alinéa, devant celui de la situation de l'hôtel, puisque nous avons admis que c'est en l'auberge que le voyageur devait effectuer le paiement de ses frais d'hôtellerie.

En résumé les contestations entre hôteliers et voyageurs seront portées le plus généralement devant le

(1) Voir notamment les paroles de M. Amilhau, Chambre des députés 6 avril 1838, citées par Carré. Compétenee des juges de paix, T. I, n° 169, IV.

juge de paix, le tribunal de commerce ou de pre
mière instance du domicile ou de la résidence du
défendeur.

SECTION II

DE LA PREUVE

L'une des parties principales d'un litige est sans
contredit la preuve des faits ou actes juridiques sur
lesquels il repose. Il est évident qu'il ne suffit pas au
demandeur d'alléguer tel ou tel acte à la charge du
défendeur, il faut qu'il justifie l'existence de cet acte
pour appuyer sa prétention. D'autre part et en sens
contraire, il ne suffit pas que le défendeur soutienne
telle ou telle cause de libération ; il lui incombe d'en
établir la réalité.

En matière de preuve une règle formelle est établie :
c'est au demandeur avant tout à démontrer le bien
fondé de sa demande : son adversaire n'a rien à faire,
il n'a qu'à attendre cette preuve et y opposer des
éléments contradictoires, s'il le peut. Toutefois il est
également constant que la preuve n'incombe plus au
demandeur, si par suite de la nature du litige, il y a
une présomption légale d'existence du fait originaire
de l'instance contre le défendeur. Enfin, lorsque le
demandeur est arrivé à établir des faits qui établissent
sa prétention, la charge de la preuve incombe au
défendeur en ce qui touche la démonstration de l'existence d'une cause de libération. Ajoutons que la preuve

n'est pas complètement libre, elle n'est possible que dans les formes et aux conditions fixées par la loi.

Ceci posé, voyons les diverses preuves qui surgiront dans les litiges entre aubergistes et voyageurs. Une des premières qui est toute indiquée est celle du contrat d'auberge lui-même : c'est à cause de lui que naîtront presque toutes les difficultés. Deux hypothèses peuvent se présenter : ou le contrat a été rédigé par écrit ; ou il a été conclu verbalement. Dans la première hypothèse, très rare pratiquement, point de difficulté : on applique les règles de la preuve littérale (articles 1317 à 1341, Code Civil). Nous n'insistons pas sur cette première hypothèse qui, nous le répétons, n'a pas d'intérêt pratique.

Le cas le plus fréquent sera celui où le contrat aura été passé verbalement. Comment en faire la preuve ? En matière de contrat, plusieurs modes de preuves sont admis : la preuve littérale, la preuve testimoniale et par les présomptions ; enfin, la preuve par l'aveu ou par le serment. Ces modes de preuves ne se cumulent pas et on ne peut les employer indifféremment. La preuve littérale est considérée à juste titre par la loi comme la plus sérieuse et primant toutes les autres. Dans notre contrat verbal, la preuve littérale sera toujours inapplicable. Il ne reste donc, à peine de débouté, que les autres modes. Sont-ils possibles ?

Point de doute pour l'aveu et le serment, mais en sera-t-il de même pour la preuve testimoniale ?

D'après l'article 1341 du Code Civil, celle-ci n'est admise que si la demande est inférieure ou égale à cent cinquante francs ; au-dessus de cent cinquante francs, il ne reste que la preuve littérale, à moins qu'il n'y ait un commencement de preuve par écrit. Le contrat d'auberge semble n'avoir aucun caractère spécial permettant de déroger à cette règle.

Que décider, cependant, si le litige est porté devant le Tribunal de commerce, par hypothèse compétent ? En matière commerciale, la preuve testimoniale peut toujours être admise, quel que soit le chiffre du litige. Faudra-t-il appliquer cette règle et permettre la preuve par témoins ? Remarquons tout d'abord que l'admission de la preuve testimoniale, relativement à un acte litigeux porté devant le Tribunal de commerce, n'est possible si l'acte n'est commercial que pour l'une des parties, qu'avec certaines réserves. Les preuves du droit civil sont seules permises contre celui pour lequel l'opération a un caractère civil, car il ne doit pas souffrir du caractère commercial qu'a l'acte pour l'autre partie. Mais, contre celle-ci, la preuve doit pouvoir se faire conformément aux règles du droit commercial. On ne comprendrait pas qu'elle se plaignît en opposant que l'acte litigeux est civil à l'égard de son contractant (1).

En tenant compte de cette distinction, on peut reconnaître que la preuve testimoniale sera généralement possible, si les tribunaux de commerce sont saisis. Notons au surplus que cette preuve testimoniale n'est pas obligatoire pour le juge commercial qui peut la rejeter.

(1) LYON-CAEN et RENAULT. *Précis de droit commercial*, n° 403.

Nous n'appliquerons pas les règles ci-dessus au dépôt d'hôtellerie, car ici nous sommes en présence de dispositions légales particulières que nous devons examiner.

Nous savons déjà que l'assimilation du dépôt d'auberge au dépôt nécessaire a eu pour conséquence de lui rendre applicable la disposition de l'article 1950 relativement à la preuve testimoniale. Le législateur aggrave la responsabilité de l'hôtelier en permettant de l'établir plus facilement.

Quel est le motif de cette responsabilité exceptionnelle que la loi fait peser sur l'aubergiste? Il faut le rechercher dans la défiance où l'on tenait les aubergistes à Rome et dans notre ancien droit, et dans le mauvais renom des auberges et de leurs tenanciers (1). Aujourd'hui cette méfiance est, il est vrai, en partie disparue, mais un autre motif subsiste. La sécurité que l'aubergiste doit dans son intérêt même aux voyageurs qui ont suivi sa foi et accepté ses services. Or, les auberges sont ouvertes à tous; les vols y sont faciles et la sécurité du passager ne peut être assurée que par les constantes précautions de l'aubergiste.

Ce sont les motifs invoqués par le rapporteur au Tribunat. Il ajoute d'ailleurs que cette responsabilité rigoureuse est modérée par le pouvoir discrétionnaire qui appartient au juge en ce qui concerne la preuve du dépôt (2).

---

(1) Dig. IV. 9. L. I. pr. *Nautæ Caup.* — DANTY sur BOICEAU. *Traité de la preuve par témoins en matière civile.* Addition sous le chapitre III, n°ˢ 12 et 18.

(2) FAVARD DE LANGLADE. Rapport N° 16. LOCRÉ, T. VII, page 325.

La loi tout en respectant l'intérêt du voyageur devait aussi protéger l'hôtelier. Il importait de ne pas l'abandonner à des recours sans fondement ou frauduleux. Aussi l'article 1348 Code Civil, en autorisant la preuve par témoins, prescrit-il au juge conformément à l'ordonnance de 1667 dont il reproduit les termes (titre XX, article 4), d'avoir égard à la qualité des personnes et aux circonstances de fait (3). Le juge a donc un pouvoir discrétionnaire en ce qui concerne l'admission ou le rejet de la preuve testimoniale. Il prendra en considération la qualité des personnes et la vraisemblance de leur dires et réclamations. Il examinera si les effets dont le voyageur demande à prouver l'apport sont en rapport avec sa situation et le but de son voyage.

Il ne suffit pas au voyageur de prouver l'existence du dépôt, il lui faut encore en établir la consistance. Ici encore le juge ne devra admettre la preuve testimoniale qu'avec la plus grande réserse, en s'aidant des présomptions résultant de la qualité et de l'honorabilité du voyageur. Il pourra lui déférer le serment *ad litem* (Article 1369) et s'il le juge à propos modérer dans son jugement l'évaluation des objets qui lui paraîtrait exagérée.

La législation, on le voit, tout en prenant en grande considération l'intérêt du voyageur, a voulu mettre l'aubergiste à l'abri des fraudes possibles.

L'examen des divers éléments du contrat d'hôtellerie

(3) POTHIER. Du dépôt. N° 81.

au point de vue de la preuve nous a conduit à conclure qu'il n'est pas possible d'assigner à celle-ci une règle générale et d'ensemble pour le contrat global. Il faudra suivre les différents modes admis par la loi suivant l'élément contractuel que l'on trouvera au litige. Néanmoins, on ne peut que constater la bizarrerie de la situation selon que le litige porte sur le contrat global ou sur le dépôt. Le rejet de la preuve testimoniale d'une part, son admission générale de l'autre, c'est une contradiction qui aurait besoin d'une réforme. Selon nous dans ce contrat d'auberge rapide et tacite, on devrait comprendre qu'on ne peut guère songer à dresser des écrits; l'usage d'ailleurs est en sens opposé. Il faudrait, par suite, toujours permettre la preuve testimoniale, sous réserve toutefois de l'appréciation du juge.

L'existence du contrat d'auberge est évidemment la première démonstration qui s'imposera le plus souvent dans les litiges entre hôteliers et voyageurs. Mais il peut y avoir bien d'autres sujets de contestation, sans que le contrat soit dénié et nous devons essayer de voir brièvement les règles de la preuve à y appliquer.

Et d'abord la contestation peut porter sur les clauses et conditions du contrat. Ici encore les règles du droit commun doivent être appliquées et les différents modes de preuves employés conformément aux dispositions de la loi, réserve faite pour le cas ou l'une des parties se prévaudrait du caractère commercial de l'acte pour l'autre partie. Il faudrait alors, comme nous l'avons précédemment montré, appliquer les règles du droit commercial. Le litige peut dériver non du contrat d'auberge mais d'autres rapports entre hôteliers et voyageurs.

C'est ainsi notamment qu'il peut y avoir des obligations d'origine délictuelle entre eux. Quel mode de preuve y appliquer ? Il est bien évident qu'il est impossible de se procurer une preuve littérale d'un délit ou d'un quasi-délit, ce sont de purs faits qu'à raison même de leur nature, on ne constate pas par écrit. Aussi doit-on appliquer ici la règle que dans le cas où le créancier est dans l'impossibilité de se procurer une preuve littérale ; il peut recourir à la preuve testimoniale quel que soit le chiffre de la demande. Telle est la règle édictée au surplus en termes formels par l'article 1348, 1°, Code Civil. Donc dans les contestations que nous envisageons, le mode de preuve normal et régulier sera celui de la preuve par témoins et avec lui les présomptions de l'homme. Naturellement l'aveu sera admissible ainsi que le serment.

Section III

PRESCRIPTION

Diverses fins de non recevoir ou défenses peuvent-être opposées aux actions qui seraient intentées soit par l'aubergiste, soit par le voyageur. Elles dériveront par exemple de la nullité de l'obligation, de l'impossibilité de l'exécuter par cas fortuit ou de force majeure, etc.

Un des moyens les plus intéressants à voir est la prescription, parce qu'elle est soumise à des règles spéciales pour certaines demandes.

En principe (article 2262), toutes les actions se prescrivent par trente ans. Il en résulte que si un hôtelier ou un voyageur reste trente ans sans faire trancher la contestation qui existe entre lui et son adversaire, ce dernier pourra se prétendre libéré par l'effet de ce laps de temps. Cette fin de non recevoir ne sera d'ailleurs admise que si elle est invoquée par le défendeur : la prescription n'est pas applicable d'office par le juge. Nous n'insisterons pas sur cette prescription trentenaire, qui n'a pas ici d'application pratique.

Mais le principe de la prescription libératoire par trente ans reçoit diverses exceptions dans le sens d'une restriction du laps de temps nécessaire pour prescrire en matière de rapports d'hôtellerie. En effet, d'après l'article 2271, Code civil, « l'action des hôteliers et traiteurs à raison du logement et de la nourriture qu'ils fournissent se prescrit par six mois ». Quelle est la portée exacte de cette prescription ? Elle n'est opposable d'abord qu'aux hôteliers et aubergistes : nous savons quel sens restreint il faut donner à ces expressions. Elle ne concerne en outre que le logement et la nourriture, elle sera par suite inopposable pour toute autre contestation dérivant du contrat d'auberge ainsi que sur le dépôt. Toutefois les termes de la loi étant imprécis, elle sera opposable par toute personne ayant été logée à l'auberge, même si on ne doit pas la considérer comme un voyageur au sens propre du mot.

Quant aux règles à appliquer à cette prescription de six mois, ce sont celles communes aux courtes prescriptions édictées par la loi. Fondée sur une présomption de paiement, elle peut être combattue par la délation du serment à celui qui l'invoque (article 2275). Elle a pour point de départ le début de la fourniture, encore que celle-ci ait continué (article 2274, alinéa 1). Cette prescription est interrompue par les modes généraux prévus par les textes, articles 2243 à 2249, c'est-à-dire par un commandement, une citation en justice, une saisie, une reconnaissance du débiteur. Enfin elle est intervertie et se transforme en prescription trentenaire lorsqu'il y a eu compte arrêté, cédule ou obligation, citation en justice non périmée (article 2274, alinéa 2).

Signalons, sur cette prescription, une légère difficulté : on pouvait soutenir que par analogie avec l'article 2272, 2°, la prescription de six mois ne pourrait être opposée à l'hôtelier commerçant que par des particuliers non commerçants. Cette restriction n'aurait aucune raison d'être et il est admis sans difficulté que le voyageur, commerçant ou non, peut toujours opposer la prescription (1).

Il peut encore y avoir prescription spéciale lorsque le litige existant entre le voyageur et l'hôtelier a sa source dans un délit pénal. L'action civile suit dans ce cas, en vertu des principes généraux, le sort de l'action publique et est éteinte par la même prescription,

___

(1) Cass., 20 juin 1838. SIREY, 1838.1.638.

savoir : dix ans s'il s'agit d'un crime, trois ans s'il s'agit d'un délit (articles 637 et 638 du Code d'instruction criminelle).

Dans tous autres cas, les actions entre hôteliers et voyageurs se prescriront par trente ans seulement.

Nous avons ainsi terminé l'étude des rapports entre hôteliers et voyageurs dans le droit moderne ; il nous reste à exposer l'état de la législation étrangère sur notre question.

TROISIÈME PARTIE

LÉGISLATIONS ÉTRANGÈRES

CHAPITRE PREMIER

ALLEMAGNE

La législation allemande, contrairement à la nôtre apporte une certaine restriction à la liberté de la profession d'hôtelier ou d'aubergiste. Cette restriction présente quelqu'analogie avec notre ancien décret du 29 décembre 1851, aujourd'hui abrogé, qui soumettait l'ouverture d'un débit de boissons à la formalité de l'autorisation préalable. C'est ainsi que la loi allemande du 23 juillet 1879, modifiant la loi sur l'industrie, décide dans son article 3 :

« Les gouvernements des Etats peuvent décider en » outre.............. (b) Que les autorisations pour » les hôtelleries............ dans les communes de » 15.000 âmes, ainsi que dans une commune d'une » population supérieure où les règlements locaux » exigeraient cette condition, ne seront accordées

» qu'autant qu'il sera justifié que l'établissement
» répond a un besoin local. La délivrance de l'autori-
» sation sera précédée d'un rapport de la police locale
» et d'un rapport de l'autorité municipale (1). »

La conséquence de cette différence de légistation à l'égard des rapports entre hôteliers et voyageurs est, comme nous l'avons indiqué, la mise à la disposition du voyageur, qui a traité avec un tenancier d'auberge non autorisé, d'un moyen de procédure consistant à contester à l'hôte sa qualité d'aubergiste et à arguer de ce fait pour discuter la validité du contrat d'auberge passé avec lui.

Les réglements locaux fixent aussi l'heure d'ouverture et de fermeture des auberges ou hôtelleries et l'article 363 Code Pénal allemand frappe d'une amende le contrevenant.

Il nous faut signaler en ce qui touche la police des auberges une restriction aujourd'hui disparue, empreinte d'un caractère autocratique.

Aux termes de l'article 23 d'une loi du 21 octobre 1878 contre les aspirations démocratiques socialistes présentant un danger général, les individus visés par l'article 22 de ladite loi (ceux qui auraient été condamnés à l'emprisonnement en vertu des articles 17 et 18 comme membres d'une association ou comme lui ayant fourni un local et s'il est établi qu'ils faisaient habituellement de la propagande) pouvaient se voir interdire l'exercice de leur profession, sans préjudice des autres peines portées contre les hôteliers.

---

(1) *Ann. de Législ. Etr.*, 1880, p. 98 et 99.

Cette loi votée pour une époque déterminée n'est plus, comme nous l'avons signalé, actuellement en vigueur.

Au point de vue des préliminaires du contrat d'auberge, nous ne saurions passer sous silence une analogie de la législation prussienne avec la nôtre : les aubergistes, libres d'accepter ou de refuser qui bon leur semble, doivent refuser l'entrée de leurs maisons aux individus suspects et non munis de passe-port, ou s'ils les ont reçus nuitamment ou par commisération, en avertir l'autorité municipale.

Si des hôteliers ou aubergistes acceptent sciemment des voleurs ou recéleurs, ils sont comme chez nous passibles des peines édictées par le droit pénal.

Quant aux rapports juridiques proprement dits, la responsabilité de l'aubergiste est réglée par les articles 701 à 704 inclus du Code civil allemand.

« Tout individu qui, professionnellement, héberge des voyageurs, est considéré comme dépositaire, il répond donc des pertes, détériorations ou soustractions des effets apportés par les voyageurs. Il n'encourt aucune responsabilité au cas où les accidents sont causés par le voyageur, les personnes de sa suite, celles qu'il a pu recevoir ou encore s'ils résultent du vice propre de la chose ou d'un cas de force majeure (article 701 du Code civil).

» Sont réputées « introduites », nous dit ce même article « les choses que l'hôte a remises à l'hôtelier ou aux gens de l'hôtel chargés de la réception des choses ou devant être considérés comme chargés de cette

réception d'après les circonstances, ou qu'il a remises
en un endroit désigné par ces personnes, ou faute de
désignation, à l'endroit à ce destiné ».

La responsabilité de l'aubergiste s'étend également
aux marchandises et animaux amenés chez lui par le
voyageur.

Plus libérale que la nôtre la législation allemande
de 1896 limite la responsabilité de l'hôtelier à mille
marcs pour les fonds, valeurs et *objets précieux*
apportés chez lui, à moins qu'il n'ait accepté la garde
des dits objets sachant que c'étaient des objets de
valeur (article 702, Code Civil).

Elle prend soin de l'exonérer complétement si le
dommage ne résulte pas de sa faute ou de celle de ses
gens (article 702, Code Civil).

Bien plus elle lui permet de dégager sa responsabilité en notifiant au voyageur qu'il refuse la garde de
ses objets ou de tels ou tels d'entre eux (article 702,
Code Civil).

La jurisprudence allemande s'est toujours refusée à
considérer comme notification suffisante l'avis placardé
dans les chambres de l'hôtel et par lequel l'hôtelier
décline toute responsabilité (1).

En cas de perte de ses bagages, c'est au voyageur si
lors de son entrée à l'hôtel, il n'a pas indiqué à l'hôtelier
le contenu de ses caisses ou malles fermées, à justifier
de la consistance et à faire la preuve de la valeur des
objets disparus par tous les moyens de droit.

(1) Voyez note 2, article 701, Code Civil. (Traduction O. de Meulenaere).

Signalons sur ce point une très sage innovation de la législation allemande toute en faveur de l'aubergiste (article 703, Code Civil). « Le droit appartenant à » l'hôte d'après les articles 701 et 702 s'éteint si après » avoir eu connaissance de la perte ou de la détério- » ration, il n'a pas immédiatement avisé l'hôtelier. Ce » droit ne s'éteint pas lorsque les choses avaient été » données en garde à l'hôtelier ».

Non seulement le législateur allemand accorde aux hôteliers un droit de gage sur les choses introduites par le voyageur, pour leurs créances résultant du logement et d'autres prestations faites à l'hôte pour la satisfaction de ses besoins, mais aussi pour les avances par eux faites au voyageur (article 704, Code de commerce allemand).

Aux termes de l'article 560 du Code de commerce, ce droit de gage de l'hôtelier s'éteint, si les choses qui y sont soumises sont enlevées de l'hôtel, à moins que l'enlève- ment n'ait eu lieu à son insu et malgré son opposition.

La créance de l'hôtelier, tant pour les frais d'hôtel que pour ses débours et avances pour le compte du voyageur, se prescrit par deux ans (article 196, 4°, Code de Commerce).

CHAPITRE II

GRANDE-BRETAGNE

ANGLETERRE

Il n'y a point d'observations intéressantes à présenter au sujet de la réglementation administrative de la profession d'aubergiste en Angleterre. Cependant, il est remarquable, qu'à la différence du droit français, l'hôtelier anglais n'est pas libre relativement à l'admission des voyageurs. Il est soumis au « trepass » c'est-à-dire à l'entrée d'autrui dans sa maison sans autorisation (1). Il n'est pas absolument en droit de refuser un voyageur : au cas où la place ne lui fait pas défaut et où le voyageur prouve sa solvabilité et se conduit correctement, son admission ne peut être rejetée par le tenancier d'auberge (2).

---

(1) Lehr. *Elém. de dr. civ. angl.*, n° 240.
(2) *Idem*, n° 867.

L'aubergiste est responsable de la perte, vol ou avarie des effets apportés chez lui par le voyageur.

Cette responsabilité cesse si le vol a été commis sur le voyageur lui-même par un habile pickpocket par exemple, s'il est le fait d'une personne de la suite du voyageur ou s'il est imputable à la négligence du voyageur, qui aurait déposé ses effets dans une pièce qui ne lui était pas affectée, ou qui encore, jouissant de meubles fermant à clef, les aurait laissés ouverts (1).

Exception faite pour les chevaux, bestiaux, harnais et voitures, la loi limite la responsabilité de l'hôtelier à la somme de 750 francs, à moins que la perte, le vol ou l'avarie ne résultent du fait ou de la négligence de l'aubergiste lui-même ou de ses domestiques ou préposés, ou que confiés tout spécialement à sa garde il n'en ait pas pris soin.

Ce bénéfice de la loi ne s'applique toutefois qu'aux aubergistes qui ont pris soin de faire afficher le texte de ladite loi ostensiblement dans les diverses pièces de leurs maisons (2).

Un Inkeepers act. de 1878 reconnaît à l'hôtelier un privilège sur les objets du voyageur dont il est nanti pour le paiement de sa créance ; il organise, en outre, une vente rapide de ce gage privilégié, présentant une certaine analogie avec le droit de vente après saisie-gagerie que diverses coutumes des Flandres accordaient, aux 12ᵉ et 13ᵉ siècles, au tavernier.

La législation anglaise prend soin cependant d'indi-

(1) CLUNET.—*Journ. dr. intern. priv.*, 1877, p. 433-434.
(2) CLUNET. — *Journ. dr. intern. priv.*, 1877, p. 433-434.

quer que la séquestration du voyageur ou la prise des vêtements qu'il porte sur lui sont formellement interdites (1).

Faute de paiement, l'hôtelier, après un délai de six semaines depuis le départ ou l'expulsion du voyageur, peut mettre en vente les objets dont il est nanti, après une publication judiciaire faite un mois avant la vente (2).

A cet égard, la législation anglaise est le précurseur de notre loi de 1896, mais elle est beaucoup moins sévère encore sur les délais et formalités de réalisation du gage.

ÉCOSSE

Comme en Angleterre, la responsabilité de l'aubergiste est limitée (Statuts 26 et 27, Vict., C. 41). De plus elle cesse complètement si le voyageur a déclaré se charger lui-même de la garde de ses bagages.

La jurisprudence s'est toujours refusée à admettre que la surveillance tacite du voyageur et concomittante à celle de l'hôtelier ou de ses gens équivalait de la part du voyageur à une prise en garde par lui de ses propres bagages et à une irresponsabilité complète de l'hôtelier.

Il nous reste à signaler la division de la jurisprudence quant à l'assimilation des logeurs en garni aux aubergistes ou hôteliers.

(1) LEHR. — *Elém. de dr. civ. angl.*, n° 807.
(2) *Ann. de Legis. Etr.*, 1879, p. 11.

CHAPITRE III

AUTRICHE-HONGRIE

AUTRICHE

En Autriche, comme dans la législation française, des mesures réglementaires ont été édictées en vue de la police et de la tenue des auberges. L'hôtelier doit faire connaître exactement à la police les noms des voyageurs descendus chez lui ; obligation qui entraîne corrélativement celle pour les voyageurs de lui faire connaître leurs noms. Libre en principe de recevoir qui lui convient, l'aubergiste est cependant tenu de ne pas favoriser la débauche dans sa maison : à peine d'amende et d'interdiction de la profession, il ne doit donc pas recevoir les filles publiques.

Dans leurs rapports juridiques proprement dits avec les voyageurs, les hôteliers sont responsables des effets remis en leurs mains ou à leurs employés par les voyageurs descendus chez eux, ils en sont, aux termes des articles 970 et 1316 du Code Civil autrichien « les gardiens attitrés », et par suite responsables de toute perte, détérioration ou soustraction apportées aux dits effets.

Cette responsabilité cesse si les accidents survenus aux dits effets sont le fait du voyageur lui-même, de ses domestiques ou s'ils sont causés par le vice propre de la chose ou la force majeure, ou cas fortuit ; encore que les hôteliers eussent pu sauver les objets de leur hôte en sacrifiant les leurs et même au cas ou les effets du voyageur auraient une valeur considérable.

Au cas de perte ou de vol d'effets remis dans des caisses fermées, c'est au voyageur qu'incombe la preuve de la consistance et de la valeur des dits effets.

Si la somme réclamée par le voyageur pour la perte de ses effets est vraisemblable eu égard à sa condition, sa profession et autres circonstances du fait, à défaut de toute autre preuve, il sera cru sous serment, sauf au « gardien attitré » (1) à prouver que la perte ou le vol ne lui sont nullement imputables (article 966, Code Civil autrichien).

HONGRIE

La législation hongroise est très analogue à celle de l'Autriche. Au point de vue des rapports préliminaires

____

(1) *L'hôtelier.*

entre hôteliers et voyageurs, elle impose aux premiers la tenue d'un livre, aux seconds l'obligation d'y faire inscrire leurs noms exacts à peine d'amende (art. 72, Code pénal).

Règle assez curieuse : le préposé qui, chargé de la réception des voyageurs, omet la formalité, est frappé personnellement de la peine de la contravention (1). Elle réglemente aussi, sous diverses pénalités, l'ouverture et la fermeture des établissements, ce qui amène pour le tenancier l'obligation de ne recevoir les voyageurs qu'en temps opportun.

Les rapports juridiques proprement dits résultant du contrat d'auberge sont ceux que nous avons signalés dans la législation autrichienne.

(1) *Code des contraventions*, 1879. Traduct. Martinet.

CHAPITRE IV

—

BELGIQUE

—

Nous n'insisterons pas sur la situation faite aux voyageurs et hôteliers par la législation belge, entièrement similaire à la nôtre sur ce point. Nous renvoyons aux explications données plus haut.

CHAPITRE V

CANADA

Tout individu qui fait métier d'héberger les voyageurs, aux termes des articles 1791 à 1829, tit. VI, Code Civil du bas Canada, n'est pas responsable des vols commis à main armée au préjudice des voyageurs, ni des accidents survenus par la force majeure. Sa responsabilité est aussi dégagée si le dommage causé au voyageur est le fait d'un étranger, du voyageur lui-même ou d'une personne de sa suite.

Cette disposition du Code canadien est certainement excessive et critiquable ; le voyageur n'est pas suffisamment protégé contre l'incurie, voir même la mauvaise foi de l'hôtelier.

L'aubergiste canadien n'a pas à répondre des sommes, valeurs au porteur, ni des objets précieux contenus dans les bagages ; si le voyageur n'a pas spécifié la contenance de chaque colis (articles 1677 et 1816).

En limitant la responsabilité de l'hôtelier, en 1866, la législation canadienne avait déjà réalisé un progrès que notre législation ne devait faire que beaucoup plus tard.

Cependant, l'hôtelier reste responsable des bagages personnels du voyageur, analogues à ceux des voyageurs de sa qualité et de sa profession. Dans ce cas et à défaut d'autre preuve, le déposant sera cru sous serment.

CHAPITRE VI

ÉTATS-UNIS

Dans les divers États de ce pays, la loi fédérale du 13 avril 1883 permet à l'hôtelier de dégager en partie sa responsabilité. Il lui suffit de faire placer dans le bureau de l'hôtel un coffre-fort pour que les voyageurs y puissent déposer leurs objets de valeur et de porter ce fait à leur connaissance par des affiches placardées dans les lieux de réunion de son hôtel.

Cette loi exige en outre l'affichage ostensible, dans toutes les salles publiques de l'hôtel, de tableaux comportant le texte de la loi et une liste des prix du jour par repas.

Devançant-elle aussi de beaucoup notre loi de 1896, la loi du 19 juin 1879 accorde à l'hôtelier non payé, le droit de vendre les bagages du voyageur dont il peut être nanti, passé un délai de trois mois après certaines formalités de publicité et de se payer sur le prix. L'hôtelier payé, l'excédent est versé entre les mains du trésorier du comté, à la disposition du propriétaire ou de ses ayants-causes (1).

MASSACHUSETTS

Nous avons à signaler dans cet état, que la profession d'hôtelier n'est pas libre, elle est soumise à l'obtention annuelle d'une licence de la part des autorités municipales.

Cette licence n'est accordée que si l'hôtel est suffisamment aménagé. Elle peut être retirée *ad nutum* par le maire ou les aldermen de la ville, si l'aubergiste ne remplit pas les conditions voulues, par exemple : s'il a refusé de recevoir et de traiter sans cause un voyageur. Toutes les licences expirent le premier avril de chaque année (2).

(1) *Ann. de Législ. Etr.* 1879, p. 811.
(2) *Ann. de Législ. Etr.* 1879, p. 688.

CHAPITRE VII

ESPAGNE

La réglementation administrative des auberges en Espagne n'a rien de spécial. Notons qu'à défaut de poursuite pénale possible contre les coupables d'un délit commis dans une hôtellerie, l'hôtelier est tenu civilement dudit délit, s'il a, lui ou ses domestiques ou préposés, contrevenu aux règlements généraux ou spéciaux de police (article 20 du Code pénal espagnol).

Le Code espagnol de 1889 renferme des dispositions analogues à celles de notre législation, telle qu'elle a été modifiée par la loi du 18 avril 1889 sur la responsabilité. Aux termes des articles 1783 et 1784 du Code Civil espagnol, l'aubergiste est considéré comme dépositaire et par conséquent responsable des effets apportés chez lui par les voyageurs. Sa responsabilité n'est nullement engagée si le voyageur a omis de l'avertir, lui ou ses préposés, de l'introduction dans l'hôtellerie de ses effets, ou s'il a contrevenu aux prescriptions de l'hôtelier ou de ses préposés relativement à la garde desdits effets ; elle ne saurait l'être non plus si l'accident survenu aux bagages est imputable à la négligence du voyageur ou des gens de sa suite.

L'aubergiste est responsable de la perte partielle ou totale, du vol, du dommage causé aux effets du voyageur, du fait d'un étranger ou de ses domestiques ou préposés.

Il n'est pas tenu au cas de vol à main armée, de cas fortuit ou de force majeure (1).

Comme chez nous, l'aubergiste est privilégié, pour les frais faits par le voyageur, sur les bagages déposés par lui dans l'hôtel. Cette créance ne se prescrit que par trois ans (articles 1922 et 1967 du Code Civil).

(1) LEHR. — *Elém. de dr. civ., esp.* n° 621.

CHAPITRE VIII

ITALIE

Les dispositions du Code civil italien de 1865, exécutoires depuis le 1ᵉʳ janvier 1868, relatives à la responsabilité des hôteliers, présentent une grande analogie avec celles de notre Code civil (avant la loi du 18 avril 1889 modificative de l'article 1953).

Aux termes des articles 1866, 1867, 1868, le dépôt fait à l'hôtel étant un dépôt nécessaire, l'hôtelier est responsable des effets apportés dans sa maison par le voyageur qui y loge, il répond de la perte, du vol ou du dommage causé aux dits effets soit par ses domestiques ou préposés ou même par les étrangers.

La jurisprudence italienne décide que la responsabilité des hôteliers s'étend même aux soustractions commises dans les locaux servant accessoirement à l'exercice de la profession, comme par exemple dans les omnibus de l'hôtel faisant le service de l'hôtel à la gare et se refuse à les laisser même bénéficier de l'article 406 du Code civil italien, en vertu duquel les voituriers ne répondent pas des objets précieux qui ne leur ont pas été déclarés. C'est ce qu'a décidé la Cour de cassation dans l'affaire Marini-Legnagni contre Winslow-Hall (1) que nous rapportons *in extenso* :

(Marini-Legnagni contre Winslow-Hall).

La dame Wuislow-Hall, de Boston, arrivée à Milan le 8 novembre 1883, descendit à l'*Hôtel Continental*. Elle confia au commis de l'hôtel son bulletin de bagages pour les faire réclamer à la gare. Ces bagages consistaient en cinq malles que le commis se fit effectivement remettre et fit transporter à l'hôtel sur l'impériale de l'omnibus. Mais dans le trajet, une des malles placées sur l'impériale tomba, et, le conducteur ne s'en étant pas aperçu, un nommé Colombo s'appropria la malle : il a depuis été condamné pour ce fait. La dame Winslow assigna alors les propriétaires de l'*Hôtel Continental* en paiement de 9.700 livres pour perte de sa malle. Le tribunal de commerce de Milan, considérant qu'au moment du transport des bagages à l'*Hôtel Continental*, opéré par un commis de l'hôtelier (article 1153 du Code civil italien), la voiture était dépourvue de garde, qu'il n'était pas prouvé qu'on eut lacé la couverture de l'impériale, comme le commandait la prudence la plus vulgaire et comme l'exigeaient d'ailleurs expressément les règlements

______
(1) *Pand. fr.*, 88.5, p. 25.

locaux, déclara les époux Marini-Legnani responsables
en vertu de l'article 1866 du Code civil italien ; mais
par application de l'article 406 du Code de commerce
italien, en vertu duquel le voiturier ne répond pas des
objets précieux qui ne lui ont pas été déclarés, il ne
tint pas compte dans la condamnation, de la valeur
des effets précieux.

Les parties ayant interjeté appel, le 19 octobre 1886,
la Cour d'appel de Milan fit droit à la demande de la
dame Winslow.

Pourvoi en cassation de la maison Marini-Legnagni
pour violation des articles 1866 du Code civil italien,
406 du Code de commerce italien et autres moyens sans
intérêt.

Arrêt.

La Cour. — L'article 1866 du Code Civil déclare
tenus les hôteliers et aubergistes comme dépositaires
des effets apportés chez eux par le voyageur qui loge
dans leur hôtel ; mais ces mots dans leur hôtel ne
doivent pas être entendus dans le sens limité et strict
que le pourvoi des demandeurs voudrait leur attribuer,
c'est-à-dire dans ce sens que l'on ne doit parler de
dépôt nécessaire que quand les effets des voyageurs
sont déjà introduits entre les murs de l'hôtel. La
responsabilité de l'aubergiste s'étend aux vols et aux
dommages commis dans toutes les dépendances de
l'hôtel qui sont sous sa surveillance, et il serait impossible de nier que, par suite de l'usage des propriétaires
des grands hôtels d'envoyer aux gares des omnibus
pour recevoir les voyageurs et leurs bagages, ces

véhicules ne doivent pas être assimilés, quant à la responsabilité, à l'hôtel même, parce qu'ils sont comme l'hôtel, sous la surveillance de l'aubergiste ou des personnes qui dépendent de l'aubergiste, et que le voyageur se confie à ces personnes. On ne peut donc affirmer qu'il y ait eu fausse application de l'article 1866. Ni d'ailleurs de l'article 406 Code de commerce, qui dispose que le voiturier ne répond pas des effets précieux, de la monnaie et des titres qui ne lui ont pas été déclarés ; cet article est écrit pour ceux qui se chargent d'exécuter ou de faire exécuter des transports, et non pour les aubergistes, puisque pour ceux-ci le transport des bagages des voyageurs des gares à l'hôtel ne forme pas l'objet d'un contrat indépendant, mais qu'il rentre dans ces services que, à raison de leur qualité et de l'industrie qu'ils exercent, les hôteliers ont coutume de faire faire par leurs chasseurs, et qui sont pour ainsi dire, un accessoire de la nourriture et du logement.

Par ces motifs : Rejette.......

L'hôtelier italien n'a pas à répondre des vols à main armée ou des cas de force majeure. Sa responsabilité est entièrement dégagée, si l'accident arrivé aux objets du voyageur est la conséquence d'une négligence de ce dernier (article 1868).

En cas de perte, avarie de ses objets, le voyageur peut faire la preuve de leur consistance et de leur valeur par tous les modes de preuves même testimoniale.

Cette dernière preuve est reçue sans aucune limitation.

« Pour les dépôts faits par les voyageurs dans les
» hôtels où ils logent, le tout suivant la qualité des
» personnes et les circonstances du fait » (article
1348,2°).

La législation italienne accorde à l'aubergiste un
privilège analogue à celui de notre Code Civil.

CHAPITRE IX

—

PORTUGAL

—

La législation portugaise est la seule qui connaisse le contrat d'hôtellerie comme contrat spécial et en traite particulièrement dans le titre II, chapitre IV, section VI du livre II de son Code civil (article 1419 à 1423).

La passation tacite de ce contrat se déduit de la réception d'un voyageur par un aubergiste ou un hôtelier.

Considéré comme dépositaire l'aubergiste répond de la perte, du vol ou avaries survenus aux effets du voyageur, ainsi que du fait de ses domestiques et même des étrangers. Sa responsabilité cesse si l'accident est imputable au voyageur. Contrairement aux autres législations, sa responsabilité n'est dégagée que pour les objets de peu de valeur faciles à dissimuler à moins qu'ils ne lui aient été spécialement confiés par le voyageur.

Le vol commis par l'aubergiste ou ses domestiques ou préposés est assimilé au vol domestique et frappé de la même aggravation de peine.

CHAPITRE X

RUSSIE

En Russie la responsabilité de l'hôtelier n'est engagée que s'il y a faute ou incurie de sa part ou de celle de son personnel.

Les voyageurs descendus dans un hôtel peuvent, pour sauvegarder l'intégralité de leurs bagages, prendre deux partis. Soit laisser simplement les objets en dépôt sous pli ou paquet cacheté pour les valeurs et bijoux, malles fermées pour les objets mobiliers, et dans ce cas l'aubergiste est déchargé de toute responsabilité par la remise intacte des plis, paquets ou malles fermés ; soit estimer leurs bagages contradictoirement avec l'hôtelier, auquel cas ce dernier est tenu en cas d'accident d'en payer le montant intégral (1). La preuve testimoniale n'est pas admise pour le dépôt d'auberge (2).

(1) Lehr. — *Élém. de dr. civ. russe*, T. II, n° 1273.
(2) *Idem*, n° 1267.

Notons en passant que la jurisprudence russe, contrairement à la nôtre, n'admet pas la théorie de l'accessoire en matière d'actes de commerce. Nous signalons à cet effet une décision du Tribunal de commerce de Saint-Pétersbourg du 20 septembre 1873 (1), tout à fait originale décidant que « le tribunal de commerce n'est pas compétent pour connaître de la demande présentée par un négociant en étoffes contre le maître d'un hôtel pour paiement d'une fourniture d'étoffes pour couvrir les meubles ».

« Cette obligation est commerciale au point de vue du négociant, mais elle ne l'est pas au point de vue du maître d'hôtel, car, quoique les lois russes considèrent la tenue d'un hôtel comme une opération commerciale et que par conséquent l'achat de marchandises pour les revendre à l'hôtel soit un acte commercial, on ne peut cependant en conclure que l'achat d'étoffes pour garnir les meubles d'un hôtel doive être considéré comme un acte de commerce. Le Tribunal de commerce n'est compétent que pour des obligations commerciales ».

(1) Clunet. — *Journ. de dr. intern. priv.*, 1876, p. 59.

CHAPITRE XI

PROVINCES BALTIQUES

Aux termes des articles 3817 à 3828 du Code Civil l'aubergiste répond de tous les effets apportés chez lui par les voyageurs, même traités gratuitement. Il est responsable du fait de ses employés et des tiers étrangers, alors même qu'on ne saurait lui reprocher aucune négligence.

Sa responsabilité est dégagée au cas de faute du voyageur ou des gens de sa suite.

L'aubergiste peut lui-même dégager sa responsabilité, lors de l'entrée du voyageur, en l'avertissant directement et tout spécialement qu'il n'entend pas prendre charge de ses bagages.

Des avis affichés dans l'établissement ne constituent pas un avertissement suffisant.

Au départ du voyageur les effets laissés par ce

dernier sont à la charge de l'aubergiste à titre de dépôt ordinaire.

Les associés exploitant une hôtellerie ne sont jamais tenus que pour leur part, à moins qu'ils ne gèrent tous, ou que le préposé à la direction de l'hôtel ait été choisi par eux tous.

Cette législation assimile aux aubergistes quant à la responsabilité, les bateliers ou transporteurs hébergeant des voyageurs ainsi que les locateurs d'écuries. Elle décide au contraire que les logeurs en garni ne sont tenus que d'après les règles du droit commun du louage. Quant aux restaurateurs et débitants de boissons, elle les déclare entièrement responsables (1).

Il nous reste à signaler une particularité de cette législation : c'est l'obligation pour les propriétaires fonciers de l'hôtel d'entretenir les relais. Cette obligation, datant des vieilles coutumes suédoises, a été codifiée par la loi finlandaise du 12 novembre 1883 (2).

(1) V. Lehr. — *Op. cit.*, T. II, n° 1280 et suivants.
(2) *Ann. de Légis. Etr.*, 1884, p. 688.

CHAPITRE XII

NORVÈGE

La profession d'hôtelier, pas plus que celle de débitant de boissons, n'est libre. Elle est soumise à l'autorisation préalable qui n'a pour but que de s'assurer de la moralité de l'hôtelier et d'enrayer autant que possible les progrès de l'alcoolisme dans ce pays (1).

(1) *Ann. de Legis. Etr.*, 1885, p. 615.

CHAPITRE XIII

SUISSE

Législation fédérale. — La législation fédérale semble en général être en harmonie parfaite avec notre législation révisée dont elle a été un précurseur ; il nous suffira de donner in extenso le texte des articles 486 et 487 du Code fédéral Suisse de 1881.

A. 486. « Les aubergistes et hôteliers sont respon-
» sables de toute détérioration, destruction ou sous-
» traction des effets apportés par les voyageurs qui
» logent chez eux, à moins qu'ils ne prouvent que le dom-
» mage est imputable, soit au voyageur lui-même, soit
» à l'une des personnes qui l'accompagnent ou qui sont
» à son service, ou qu'il résulte d'un événement de force
» majeure ou de la nature même de la chose déposée.
» On doit admettre notamment que le voyageur est en
» faute lorsqu'il néglige de confier à la garde de

» l'hôtelier des sommes d'argent considérables ou
» d'autres objets de valeur. Mais même dans ce cas
» l'hôtelier est tenu tant de sa propre faute que de celle
» des gens à son service. »

A. 487. « L'hôtelier ne peut s'affranchir de la res-
» ponsabilité définie à l'article précédent en déclarant,
» par des avis affichés dans son hôtellerie qu'il entend
» la décliner ou la faire dépendre de circonstances
» spéciales. »

Législation cantonale. — Contrairement aux anciennes tendances à la liberté du commerce la plus complète, l'opinion dominante actuellement tend à soumettre l'ouverture d'une auberge à l'autorisation préalable. Nous n'étudierons pas les législations spéciales aux différents cantons, sans intérêt au point de vue des rapports juridiques proprement dits du voyageur et de l'aubergiste. Toutes en effet n'édictent que des mesures de police et traitent de l'autorisation et de ses conditions de révocabilité ou de continuation à la veuve ou enfants de l'hôtelier, des catégories d'hôtels, de la police intérieure de ces établissements et des personnes à y employer.

CONCLUSION

L'examen que nous avons fait des rapports juridiques, entre hôteliers, aubergistes et voyageurs, a bien montré l'intérêt de ce sujet d'apparence banale et la délicatesse des questions qu'il peut soulever.

Si notre législation n'a pas cru devoir, comme on l'a fait à l'Etranger, consacrer un ensemble de règles spéciales à cette matière, on ne saurait méconnaître qu'elle est en général bien suffisante pour assurer les parties d'une exécution satisfaisante de leurs relations. A cet égard, la loi de 1889 et celle de 1896 sont venues combler les lacunes de la réglementation du Code civil avec succès. La situation légale des aubergistes et des voyageurs, dans notre droit actuel, est telle qu'on ne peut guère lui adresser que de légères critiques de détail.

Il serait bon, par exemple, de déterminer légalement d'une façon exacte le caractère du rapport existant entre aubergiste et voyageur, au sujet de la réception et de la remise de la correspondance et des objets adressés à l'hôtel pour le voyageur, puisque la réglementation diffère selon qu'on le considère comme un louage de services ou un mandat.

Peut-être aussi devrait-on, à l'imitation de l'étranger, se dégager de la tradition romaine qui tenait les hôteliers pour des commerçants peu honnêtes et leur a imposé, en vertu de cette idée, une responsabilité par trop rigoureuse. Pourquoi rendre l'hôtelier responsable des valeurs que le voyageur ne lui a pas déclarées lors de son entrée dans l'hôtel? N'est-il pas facile à l'hôtelier d'exiger la déclaration où le dépôt des valeurs et au voyageur d'obtenir une constatation de cette déclaration ou de ce dépôt.

Enfin on pourrait aussi désirer que le délai de la réalisation du gage, établi par la loi de 1896, fut beaucoup moindre ; il est peu vraisemblable que le voyageur soucieux de payer fasse attendre six mois ; ce délai n'est bon que pour l'hypothèse d'objets abandonnés par le voyageur, ce qui peut provenir d'une omission, dans tout autre cas, c'est accorder à un voyageur malhonnête trop de crédit inutilement et forcer l'aubergiste à attendre trop longtemps le paiement de ses services et à conserver sans motifs les objets d'un étranger.

Ajoutons que, malgré les tendances de la jurisprudence, il serait utile d'étendre la responsabilité des aubergistes aux cafetiers, restaurateurs, maîtres de bains publics, etc.; la situation est analogue et ce n'est qu'à cause du caractère limitatif des textes que l'extension n'a pu se faire.

Quoiqu'il en soit, l'ensemble de la réglementation est bon et il serait à souhaiter qu'il put en être de même pour tous les rapports juridiques dans notre société.

Lille, le 20 Juillet 1900.

<table>
<tr><td style="text-align:center;">VU :</td><td style="text-align:center;">VU :</td></tr>
<tr><td style="text-align:center;">*Le Président de la thèse,*</td><td style="text-align:center;">*Le Doyen,*</td></tr>
<tr><td style="text-align:center;">L. LACOUR.</td><td style="text-align:center;">L. VALLAS.</td></tr>
</table>

VU ET PERMIS D'IMPRIMER :

Le Recteur de l'Académie,

J. MARGOTTET.

TABLE DES MATIÈRES

DEUXIÈME PARTIE

TROISIÈME PARTIE

———

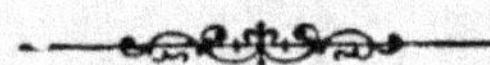

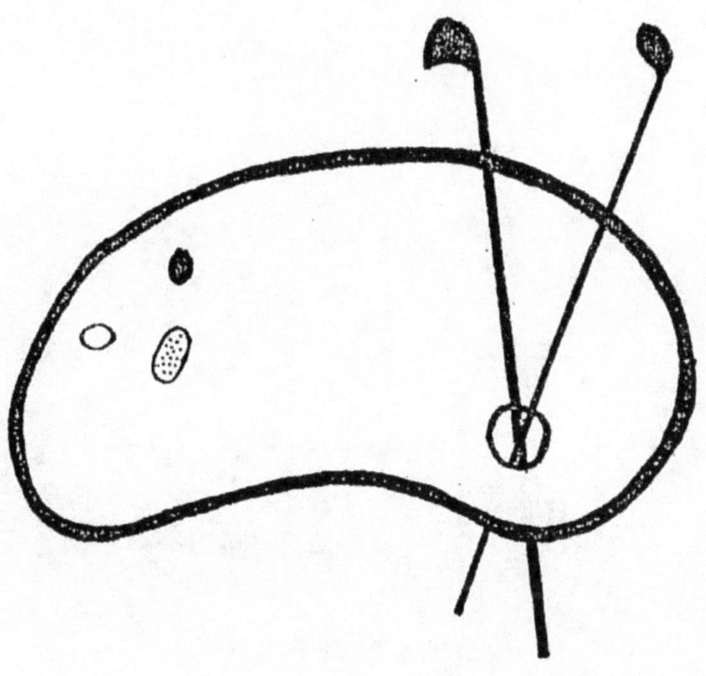

ORIGINAL EN COULEUR

NF Z 43-120-8

RED. :

20

graphicom

3/9/88 70

0 1 2 3 4 5 6 7 8 9 10

MIRE ISO N° 1

NF Z 43-007

AFNOR

Cedex 7 - 92080 PARIS-LA-DÉFENSE